KB116902

벤 티글러는 지난 30년간의 행동 변화에 대한 연구 성과와 세계적인 기업 CEO들의 컨설팅 노하우를 접목하여 변화를 성공적으로 이끄는 학습 모델 '변화의 사다리'를 개발했다. 그가 고안한 사다리는 마셜 골드스미스, 스티븐 코비, 켄 블랜차드 등 초대형 베스트셀러 저자들의 찬사를 받았다. 실제로 자신의 일과 삶에서 '변화의 사다리'를 직접 적용해온 벤 티글러는 변화에 실패하며 나약한 자신을 탓하는 많은 독자들에게 가장 과학적이고 효율적으로 성공하는 방법을 알려주고자 이 책을 썼다.

저자 홈페이지 www.bentyler.nl

THE LADDER

래더

실패, 한계, 슬럼프라는 벽을 뛰어넘는 변화의 사다리

THE LADDER
래더

벤 티글러 지음 | 김유미 옮김

중앙books

추천의 글

《성공하는 사람들의 7가지 습관》 저자, 스티븐 코비(Stephen R. Covey)

벤 티글러는 사다리라는 아주 간단한 학습 모델을 통해 스스로의 삶을 변화시킬 수 있는 방법은 물론 좋은 리더로 성장하고, 나아가 조직과 사회를 변화시키는 궁극적인 방법에 대해 알려준다. 복잡하고 어려운 행동 과학의 연구 결과를 독자들이 실제 자신의 삶에 적용해볼 수 있도록 도와주는 일은 벤만이 할 수 있는 천부적인 재능임이 틀림없다. 열심히 살아도 바뀌지 않아 고민인가? 더 나은 인생을 살고 싶은가? 그렇다면 당신이 할 일은 오직 하나, 지금 바로 벤을 만나라!

《트리거》 저자, 마셜 골드스미스(Marshall Goldsmith)

벤 티글러는 행동 변화 분야에서 가장 뛰어난 트레이너이자 작가다. 그의 이야기는 언제나 나를 가슴 뛰게 하고 즐겁게 만든다. 이번에 소개하는 '변화의 사다리' 역시 행동과 습관을 바꾸는 데 있어서 매우 실용적이며 현실적이다.

《칭찬은 고래도 춤추게 한다》 저자, 켄 블랜차드(Ken Blanchard)

최고다! 변화를 다룬 그 어떤 책보다도 통찰력이 뛰어나고 실용적이다. 우리에게 늘 '꿈꾸고, 시도하고, 실행하라'는 격려와 조언을 아끼지 않았던 그가 이번에는 계획을 현실로 바꿀 수 있는 완벽한 기술을 제안한다. 매번 계획만 세우고 제대로 지키지 못하는 사람들에게 이 책은 지금 바로 실천할 수 있는 용기를 심어주고, 체계적이고 과학적인 방법을 가르쳐준다.

한국리더십센터 회장 김경섭

유럽에서 가장 유명한 행동 변화 코치이자 나와 함께 스티븐 코비의 제자이기도 한 벤이 이번에도 명저를 냈다. 이 책은 매번 결심만 하고 행동을 바꾸는 데 실패하는 사람들이 스스로가 바라는 사람이 되기 위한 과정에서 반드시 읽어야 할 필독서다. '왜 열정적인 노력이 나를 배신할까' 고민했다면, 이 책에 나오는 변화의 사다리를 통해 세계 최고의 코치가 선사하는 트레이닝을 먼저 배워보길 바란다.

IGM 세계경영연구원 교수 이태석

기업 강의를 다닐 때마다 많은 수강생들이 결심을 행동으로 옮기기가 쉽지 않다고 털어놓는다. 머리로는 아는데 몸이 따로 노는 것이다. 조직원들의 딜레마다. 이 책은 그런 딜레마를 풀어준다. 또, 조직의 변화를 시도하는 데 있어 실전에서 바로 적용해볼 수 있는 실용적인 팁과 행동 지침이 가득하다. 어떻게 하면 구성원들의 행동을 바꾸고 변화에 성공할 수 있을지 고민하는 리더라면, 이 책을 가이드 삼아 변화의 사다리에 한 발 한 발 올라서보길 권한다.

나약한 의지력이
문제라고 믿는 당신에게

우리의 삶에서 '변화'는 매우 중요하다. 가령, 퇴근 후 짬을 내어 취득한 자격증 하나로 직업이 바뀌고 이로 인해 앞으로의 인생이 다르게 펼쳐질 수 있다. 평소 껄끄럽다고 느꼈던 상대가 있다면 그와 잠시 거리를 두는 변화만 주어도 이전보다 관계가 훨씬 나아질 수 있다.

변화는 개인에만 국한되는 것이 아니다. 시장에서 우위를 유지하려면 기업은 끊임없이 혁신을 시도해야 한다. 수많은 사회적인 문제를 해결하려면 지역 사회 전체는 의료비부터 교육 정책 제도에 이르기까지, 변화를 시도해야 한다. 이처럼 크든 작든, 변화는 반드시 필요하고 가치 있는 일이다.

그러나 안타깝게도 뛰어난 계획과 강한 의지만으로는 변화에 성공할 수 없다. 변화의 핵심은 '행동'이다. 아무리 훌륭한 계획이라도 실행하지 않으면 아무런 쓸모가 없다. 변화를 원한다면 이전과는 다른 새로운 행동을 취해야만 한다.

전문가인 나에게도 변화하기란 말처럼 그리 쉽지 않다. 기존에 해오던 오랜 습관을 버리고 새로운 행동을 시작하는 일 자체는 물론, 나를 둘러싼 사회적 환경이 똑같은 상태를 유지하고 있는 상황에서 변화의 필요성을 인식하지 못하는 경우라면 더욱 힘들다.

그렇다면 여러분은 이렇게 질문할 것이다. "그래서 성공적인 변화를 이뤄내려면 무엇을 어떻게 해야 한다는 거죠?", "저처럼 의지가 약한 사람도 바뀔 수 있나요?" 다행스럽게도 지금부터 내가 말하고자 하는 가장 핵심적인 내용이 이 질문에 대한 답이 될 것이다.

인생을 바꾸는 변화의 사다리

이미 수많은 책들이 변화에 대해 이야기했다. 대부분 복잡한 도표와 모형, 이해하기조차 어려운 계획으로 가득하다. 하지만 더 이상 이런 것들에 얽매이지 않아도 좋다. 변화를 성공적으로 이끌어내기 위해 내가 고안한 모형은 아주 간단하다. 단지 세 개의 단이 있는 사다리를 상상하면 그만이다. 그림으로 나타내면 아래와 같다.

지난 몇 년간 나는 세 단으로 이루어진 사다리를 내 일과 삶에 적용해왔다. 이 방법은 단순하지만 능률이 아주 높았고, 그야말로 효과 만점이었다. 나는 이 간단한 모형을 '변화의 사다리'라고 부른다. 이 사다리를 우리가 흔히 말하는 '행동 계획action plan'이라고 생각하자. 각 세 단에 들어가는 빈칸만 제대로 채울 수 있다면 변화는 훨씬 더 쉬워질 것이다.

변화의 사다리

변화의 사다리 중 가장 첫 번째 단은 우리가 추구하는 '목표'에 해당한다. 다른 말로 표현하면 자신이 원하는 성과나 결과, 지향하고 싶은 발전이다. (예: 나는 직장에서 스트레스를 덜 받으면서 제시간에 퇴근하고 싶다.)

가운데에 있는 두 번째 단은 우리가 그 목표를 이루기 위해 실천해야 하는 새로운 '행동'이다. 여기서 말하는 행동이란 명확하고 구체적인 행동을 뜻하며, 직접 실행에 옮길 수 있는 실천 가능한 행동이다. (예: 나는 매일 출근하자마자 이메일을 체크하는 것으로 하루를 시작한다. 그런 다음 오전 근무 동안 가장 중요하다고 생각하는 일부터 차례대로 처리한다.)

가장 아래에 있는 세 번째 단은 행동을 실천하는 데 필요한 '지지대'이다. 쉽게 말해, 새로운 행동을 시작하고 지속하도록 도와주는 구체적인 지원 방법이다. 이 세 번째 단은 '하면 좋고 못해도 어쩔 수 없는 것'이 아니다. '반드시 해야' 한다. 이 단계가 없으면 결코 성공할 수 없다. 대부분의 사람들이 변화에 실패하는 이유도 바로 여기에 있다. 목표를 세우고 행동으로 옮겨도 행동을 지속하도록 돕는 지지대가 제 역할을 하지 못하기 때문이다. (예: 기억을 상기하기 위해 나는 항상 볼 수 있도록 책상 위에 있는 포스트잇에 나의 목표를 적어놓는다. 그리고 매일 스마트폰을 이용해서 내가 정한 목표를 실천하는 데 성공했는지 점검한다. 또한 매주 금요일 오후에 친한 동료와 이번 주에 달성한 성과에 대해 함께 논의한다.)

○

어떻게 변화를
이끌어낼 것인가

3단계로 이루어진 사다리는 각 단마다 목표 설정, 행동 결정, 지지대 점검과 관련된 세부적인 방법이 적용된다. 이는 내가 변화에 대한 수년간의 연구조사를 바탕으로 발견한 과학적인 방법들로, 여러분이 일상생활에 적용하는 데 가장 유용하고 효율적인 도구가 되어줄 것이다. 그렇기에 각 단마다 빈칸을 채우기 전에 반드시 숙지해야 할 내용이기도 하다. 여기서는 핵심적인 내용만 간략하게 소개하겠다.

1단 목표 – 실행 목표가 아닌 학습 목표를 세워라

목표를 성취하려면 원하는 성과 중심보다는 개인적인 발전의 관점에서 학습 목표를 설정해야 한다. 가령, "나는 연말 인사고과에서 80퍼센트의 점수를 받고 싶다"라는 실행 목표 대신 "나는 내년에 팀원들에게 더 긍정적인 영향을 주는 리더가 되고 싶다"라는 식의 개인의 발전을 독려할 수 있는 학습 목표를 세우라는 것이다.

학습 목표는 실행 목표보다 더 효과적인 경우가 많다. 이것은 특히 변화에 적용된다. 예를 들어, 여행을 하는 도중에 기차를 놓치거나 지갑을 잃어버리는 등의 실수를 했다고 하자. 학습 목표의 관점에서 이 일을 생각하면 우리는 자신이 한 행동을 '실패'가 아닌 '배움'으로 받아들일 수 있다.

골대를 향해 찬 슛이 빗나갔을 때, 결과에만 집착해 '여기서도 골을 못 넣다니 이게 무슨 망신이야' 하고 반응하는 선수와 '다음엔 여기선 좀 더 낮게 차야겠군' 하고 차분하게 다시 뛰는 선수 중에 누가 더 발전 가능성이 높은지는 불 보듯 뻔하다.

2단 행동 – 쉽고 간단한 행동으로 시작하라

내일 당장 실천할 수 있는 작은 행동으로 시작하라. 예를 들어, 자신이 세운 목표가 '아침에 스트레스를 덜 받는 것'이라고 하자. 그렇다면 그에 따른 행동으로 '아침에 한 시간 일찍 일어나 조깅하기'를 결심할 수 있다. 이때 '매일 60분 일찍 일어나기'라는 목표를 당장 실천하려 하기보다는 그 목표를 무리하지 않는 선에서 더욱 작게 나누어 보자. 가령, '내일부터 매일 10분씩 더 일찍 일어나기'로 시작하는 것이다.

이처럼 행동을 작게 나누는 일은 적어도 바로 시작할 수 있게 끔 도와준다. 또한 작고 쉬운 행동은 습관이 될 때까지 지속할 가능성이 높다.

3단 지원 – 하루에 적어도 한 번은 기록하라

지지대를 튼튼하게 세우는 방법 중 하나는 '자기 점검'이다. 이 것은 실제로 자신이 세운 계획을 얼마나 잘 실천하고 있는지 적 어도 하루에 한 번은 점검하는 행동을 의미한다. 가령, 하루를 마무리하는 저녁 시간(혹은 잠들기 전)에 스스로에게 '나는 오 늘 계획한 일을 얼마나 했는가?' 하고 물어보자. 그런 다음 종이 나 스마트폰에 자신의 대답을 기록해두자.

변화의 사다리를 이용하는 방법은 아주 간단하다. 첫째, '위 에서 아래로' 계획하라. 목표를 명시하고, 그 목표를 행동으로 표현하고, 지지대를 체계화하는 것이다.

둘째, 목표가 제대로 실행되고 있는지 확인하기 위해 '아래에 서 위로' 계획을 시행하라. 지지대 방법을 체계화하고, 새로운 행동을 시도하고, 목표를 향해 노력하는 것이다. 물론 도중에 진행되는 상황을 정기적으로 점검하고 조정해야 하는 점도 잊 지 말자.

먼저 1장과 2장에서는 우리가 늘 변화를 꿈꾸면서도 왜 실패만 하는지, 변화를 가로막는 장애물은 무엇인지를 다룰 것이다. 다소 진부하게 들릴 수도 있는 이야기를 먼저 꺼내는 이유는, 변화에 대한 솔직하고 현실적인 시각을 가져야 우리가 매번 실패하는 원인을 자신의 탓으로 돌리지 않기 때문이다.

3장부터 7장까지는 변화를 도와줄 '변화의 사다리'에 대해 구체적으로 설명할 것이다. 이를 통해 여러분은 자신의 일과 삶에서 사다리를 어떻게 적용하면 좋을지 그 방법에 대해 배울 수 있다. 마지막 부록에는 행동 변화의 82가지 체크리스트를 소개한다. 이는 자신의 개인적인 삶이나 조직 안에서 사다리를 적용하고, 목표와 행동, 지지대로 이어지는 세 단계를 체계적으로 실행하는 데 유용한 팁이 되어줄 것이다.

나는 여러분이 이 책을 읽고 난 뒤에 더 이상 자신을 탓하지 않았으면 좋겠다. 우리가 매번 결심만 하고 실제로 변화하지 못하는 이유는 결코 의지가 약하거나 타고난 천성이 게을러서가 아니다. 그저 방법을 몰랐을 뿐이다. 변화는 중요하지만 그만큼 어려운 일이며, 성공보다는 실패가 더 당연하다.

진정 현재의 상황을 개선시키고 앞으로 나아가고 싶다면 이를 방해하는 여러 가지 요인을 먼저 파악한 뒤 단계적으로, 효율적으로, 과학적으로 하나씩 바꿔 나가야 한다. 그 과정에서 변화의 사다리는 각 단계마다 여러분을 도울 것이다.

수십 년을 넘게 자기계발 전문가로 살아오면서 한 가지 깨달은 점이 있다. 자신이 얼마든지 변화할 수 있다는 것을 충분히 믿지 않을 때 변화는 가장 어렵다. 우리는 나 자신이 바뀔 수 있다고 진심으로 믿어야 비로소 바뀔 수 있다.

변화는 결국 변화를 간절히 바라는 사람에게만 찾아온다는 것을 꼭 기억하라.

벤 티글러

CONTENTS

CHAPTER 1

노력만 하는
인생은 위험하다

지금 당장 바뀌어야 하는 확실한 이유 찾기

수많은 강연에서 마지막 연설자로 설 때마다 청중들에게 항상 던지는 질문이 있다.

"오늘 강연을 듣고 '아, 나도 바뀌어야겠다!'라고 결심하신 분이 계신가요?"

대부분이 손을 든다. 그러면 나는 그들에게 다시 묻는다.

"자신이 바뀔 수 있다고 정말 확신하나요?"

대부분이 손을 내린다. 참으로 흥미롭다. 누군가의 성공적인 경험담이나 의욕을 자극하는 이야기를 들으면 당장이라도 시작할 것 같지만, 결심을 행동으로 옮기는 사람은 드물다. 물론 나도 그렇다. 여기에 관련된 경험담 하나를 들려주겠다.

약 25년 전쯤, 나는 책에서 '자전적 듣기'에 관한 내용을 읽은

적이 있다. 자전적 듣기란 대화를 나눌 때 상대의 이야기가 다 끝나지도 않았는데 "아, 나도 그런 적이 있었어. 그래서 어떻게 했냐면 말이야…" 하는 식으로 끼어들며 상대의 이야기를 끊고 자기 이야기를 시작하는 것을 말한다. 아마 여러분 주변에도 이런 사람들이 몇쯤은 있을 것이다.

최근 대화법에 대한 강연을 준비하면서 우연히 그때 그 책을 다시 펼쳐볼 일이 있었다. 관련된 페이지를 펼치자, 당시에 내가 쓴 것으로 추정되는 메모 하나가 보였다. 몇몇 문장에는 밑줄까지 그어져 있었고, 심지어는 '반드시 고칠 것!'이라고 적혀 있었다.

물론 나는 이 내용을 전혀 기억하지 못했다. 남의 말을 끊고 내 이야기를 꺼내는 대화 습관이 여전하다는 사실도 깨달았다.

오랫동안 행동 변화를 연구하고 자기계발 전문가로 불리며 수많은 강단에 서는 나 역시 똑같다. 그러니 내가 여러분보다 훨씬 더 잘났거나 부지런하기 때문에 이런 이야기를 한다고 생각하지 않기를 바란다. 나 또한 이런 면에서 타고난 재능을 가지고 있는 것은 아니다. 말 습관 하나를 고치는 일에도 무려 25년이나 넘게 걸린 것처럼 말이다.

- 직장에서 끊임없이 업무를 처리하고 있지만, 해야 할 일은 여전히 산더미. 도무지 끝날 기미가 보이지 않는다.
- 리더로서 팀원들이 저마다 능력을 발휘하고 성취감을 느끼게 도와주고 싶지만, 팀원들은 늘 지쳐 있고 나를 피한다.
- 건강관리가 가장 중요하다고 생각하지만, 한 번 늘어난 몸무게는 도무지 줄어들질 않고 체력적인 면에서도 늘 부족함을 느낀다.
- 새로운 사업을 시작하면서 거래처와의 미팅이 잦아졌다. 사람을 만날 때마다 에너지가 너무 많이 소비된다.
- 가족이 내 편처럼 느껴지지 않는다. 소외감이 들거나 서운한 일이 점점 늘고 언쟁을 벌이는 횟수가 잦아진다.

스스로를 바꾸는 일은 쉽지 않지만, 그럼에도 우리는 늘 지금보다 변화하기를 원한다. 여러분의 현재 상황은 어떠한가? 만약 현재의 자신에게 점수를 매긴다면 과연 몇 점이나 줄 수 있을 것인가?

변화하고 싶은 욕망은 '지금이 아니면 안 된다', '더 이상은 힘들다'는 위기감을 느낄 때 시작된다. 예를 들어 직장에서 승진

할 기회가 주어졌다고 하자. 당신의 뒤에는 그 기회를 잡으려는 많은 지원자들이 줄을 서 있다. 그렇다면 이때 당신은 어떻게 반응할까?

이전과는 달리 자신의 능력을 검증해보일 만한 결과를 만들어내기 위해 '특정 행동'을 취하기 시작할 것이다. 이처럼 현재 자신을 둘러싼 불만족스러운 상황과 환경은 변화를 원하게 만드는 촉매 역할을 한다.

기업들 사이에서는 주로 경쟁과 기술적인 발전에서 뒤처지는 것에 대한 두려움에서 변화가 시작된다. 이들은 1위 기업의 경쟁 우위competitive advantage는 쉽게 무너지지 않는다고 믿는다. 경쟁 우위를 유지하기 위해 노력하고, 지속 가능한 경쟁력 확보에 필요한 전략을 개발하는 데 자금과 시간을 과감히 투자한다. 실제로 대다수 기업이 이런 방식으로 누구도 모방할 수 없는 고유의 브랜드를 갖추고 세계적인 명성을 얻게 되었다.

하지만 미국 컬럼비아대 비즈니스 스쿨의 리타 맥그레이스Rita McGrath 교수는 그런 시대는 지나갔음을 지적했다. 그녀의 주장에 따르면, 시장 경쟁에서 우위를 선점했다고 믿는 많은 기업들이 오히려 그 경쟁 우위에 발목이 잡혀 몰락하고 있다.

맥그레이스 교수는 오늘날에는 모든 것이 일시적이라는 사실을 인식해야 한다고 말한다. 거대한 조직이든 개인적인 일이든, 모든 경쟁 우위는 일시적일 뿐이다. 이것을 '일시적 우위transient advantage'라고 한다.

따라서 기업이든 개인이든 변화와 혁신(또한 이를 이루기 위한 개발과 학습)은 특정한 시기에만 행해지는 것이 아니라 끊임없이 이뤄져야 한다.

바뀌고 싶다는 강한 욕망은 변화를 시작하게 만드는 데 필수적인 요소이지만, 그것만으로는 충분하지 않다. 우리는 현재의 불만족스러운 상황과 환경을 바꾸고 싶고, 꼭 바뀌어야 한다는 걸 잘 알면서도 달라지지 않는다. 다음 이야기는 이런 측면을 보여주는 중요한 예시다.

¤
'손 씻기'에도 무려
170년에 걸친 투쟁이 있었다

1846년, 헝가리의 의사 이그나츠 제멜바이스Ignaz Semmelweis는 오스트리아 빈에 위치한 종합병원에서 일하기 시작했다. 이 병원에는 산부인과 병동이 제1 병동과 제2 병동으로 나뉘었는데, 제멜바이스는 그중 제1 병동에서 근무했다.

얼마 지나지 않아 그는 자신이 일하는 제1 병동에 입원한 젊은 산모들이 10명 중 1명꼴로 산욕열에 감염되어 사망한다는 사실을 알아챘다. 이 수치는 몇 달 사이에 무려 30퍼센트까지 증가했다. 반면 제2 병동의 사망률은 그보다 훨씬 낮은 4퍼센트에 그쳤다. 제멜바이스는 이 문제를 체계적으로 연구하기로 결심하고, 다양한 방법으로 통계를 추적했다.

그러던 어느 날 제멜바이스는 두 병동의 결정적인 차이점을 발견했다. 당시 산부인과 병동에는 보조 인력으로 영안실에서 시체 해부 실습을 마친 의대생들이 투입되었는데, 이들은 제1 병동에서만 일하고 제2 병동에서는 일을 하지 않았다. 게다가 이들은 시체를 해부할 때 아무도 장갑이나 보호장비를 착용하지 않았다. 이 모습을 관찰한 제멜바이스는 발병 원인이 해부실에 있던 의대생들이 '사체에서 나온 입자'를 산모들에게 옮겼을 가능성을 떠올렸고, 이 가설을 입증해줄 실험을 시작했다.

제멜바이스는 제1 병동을 방문하는 모든 직원에게 반드시 염화나트륨 용액으로 손을 씻도록 지시했다. 결과는 놀라웠다. 몇 주 안에 사망률은 약 18퍼센트에서 약 2퍼센트로 떨어졌다. 몇 달 뒤에는 무려 0.2퍼센트까지 감소했다.

자신의 가설이 증명되자 그는 동료 의사들에게 산욕열이 해부용 시신 접촉에 따른 감염과 연관이 있다는 사실을 알리며, 손 씻기의 중요성을 강조했다. 그러나 그의 주장은 받아들여지지 않았다. 심지어 동료들은 병원의 위생 상태가 감염 확산에 기여한다는 그의 생각을 비웃기까지 했다.

그로부터 15년 후, 프랑스의 화학자이자 생물학자인 루이 파스퇴르Louis Pasteur는 질병의 대부분이 육안으로 보이지 않는 세균에 의해 유발된다고 발표했다. 그 사실이 밝혀지자 의사들은 손 씻기가 감염을 예방하는 가장 중요한 방법이라는 것을 인정하기 시작했고, 그에 따른 가이드라인까지 생겼다. 170년이 더 지난 오늘날은 어떠한가? 모든 의사와 간호사는 환자와 접촉하기 전에 반드시 손을 씻는다. 이것은 이제 상식이다.

그러나 안타깝게도 의료계의 많은 종사자들이 아직도 손 위생 규정을 준수하고 있지 않다. 2012년 네덜란드 에라스무스 대학에 재학 중인 의대생 비키 에라스무스Vicki Erasmus가 발표한 연구에 따르면, 총 24개의 네덜란드 병원을 대상으로 '손 위생 규정을 평소에도 철저하게 지키는가?'를 조사한 결과, 전체의 겨우 20퍼센트만이 '그렇다'고 응답했다.

라드바우드 대학의 아니타 후이스Anita Huis라는 의대생도 2013년 같은 주제에 관한 연구를 발표한 바 있다. 그녀는 네덜란드 병원 세 군데를 선정해 총 67개 병동을 대상으로 조사했고, 그 결과 전체 직원들 가운데 약 20퍼센트만이 손 위생 규정을 지키고 있다는 사실을 발표했다.

이런 상황은 끔찍한 결과를 가져온다. 현재 네덜란드에서만 1년에 약 100,000명의 환자들이 병원 내에서 질병에 감염된다. 그중 대다수가 손으로 옮겨진 세균에 의해 비롯된다. 단지 손을 안 씻어서 매년 수천 명이 불필요하게 사망하는 것이다. 이는 매년 교통사고로 사망하는 사람들의 수보다 많다.

병원 내에서 손 위생 규정만 잘 지켜도 우리는 감염을 피하고 불필요한 고통을 예방할 수 있다. 게다가 손 씻기는 아주 간단하면서도 모두가 인정하는 중요한 규칙이다. 그런데도 이 단순한 규칙이 제대로 지켜지지 않는 이유는, 변화를 시도하는 과정에 있어서 온갖 장애물이 방해를 하기 때문이다. 많은 사람들이 극복하지 못하는 이 장애물에 대해서는 2장에서 본격적으로 다루도록 하겠다.

알면서도 행동으로 옮기지 않는 것은 개인적인 삶에서도 다양한 양상으로 나타난다. 우리는 체중을 줄이겠다고 마음먹지만 늘 야식의 유혹에서 벗어나지 못하고, 퇴근 후 자녀와 함께 시간을 보내야겠다고 결심하지만 막상 집에 오면 스마트폰을 손에서 놓지 못한다.

변화는 이처럼 쉽지 않다. 우리가 실천하려고 노력하는 변화는 대부분 병원에서 손을 씻는 일보다 훨씬 덜 중요하고 훨씬 더 복잡한 일이다.

나는 변화를 결심할 때마다 스스로에게 '변화하는 데 성공할 확률이 얼마나 되는가?' 하고 질문한다. 여러분의 성공 확률은 얼마인가? 20퍼센트보다 높은가 아니면 낮은가?

¤　　　　　　　　　　　　　행동을 바꾸는 일은
　　　　　　　　　　　　　　누구에게나 어렵다

조직 변화에 있어서도 행동을 바꾸는 일은 변화의 과정에서 가장 커다란 장애물이자 취약한 부분이다.

하버드 비즈니스 스쿨의 존 코터John Kotter 교수는 많은 조직이 변화에 실패하는 이유에 대해 이렇게 말했다. "조직이 쉽게 변화하지 못하는 이유는 전략이나 구조, 기업 문화, 시스템 등 때문이 아닙니다. 조직을 이루는 구성원들의 행동을 바꾸지 못하는 것이 문제의 진짜 핵심이죠."

조직 내에서 주요한 목표는 조직 문화를 바꾸는 것이다. 먼저 경영진의 행동 변화가 이루어지고 다음으로 직원들의 행동 변화가 이루어진다. 적어도 이론적으로는 그렇다. 그러나 현실에서는 경영진이 바뀐다고 해서 직원들이 바뀌지 않으며, 대부분의 조직이 변화에 실패한다.

이상하지 않은가? 우리 개인은 모두 변화할 수 있는 능력을 가지고 있음에도 변하지 않는 이유는 무엇일까?

물론 물리적인 환경이 바뀌면 우리의 생각과 행동도 그에 맞게 저절로 바뀐다. 예를 들어 단독 주택에서 살다가 아파트 단지로 이사를 갔다 하자. 이웃에게 인사를 자주 건네다 보면 우리의 말투나 태도는 전보다 친절해진다. 뿐만 아니라 공용 주차장에 주차하는 법, 쓰레기 분리수거 방법 등 새로운 환경에 맞게 새로운 습관이 만들어진다. 이러한 변화는 우리가 의식하지 않아도 저절로 일어난다.

결혼을 하거나 자녀가 태어난 일처럼 다른 누군가와 함께 생활하기 시작하는 것, 즉 사회적인 환경이 변할 때도 우리는 자연스럽게 그에 맞는 새로운 행동 패턴을 개발한다. 그 과정에서 시행착오를 여러 번 거치기도 하지만, 결국 대부분은 새로운 환경에 적응한다.

그렇다면 반대로 물리적인 환경이나 사회적인 환경이 달라지지 않을 때는 어떨까? 이럴 때 행동을 바꾸는 일은 훨씬 어렵다. 행동 연구가들은 일반적으로 사람들이 한 번에 한 가지 행동만 바꾸고 인식할 수 있다고 말한다. 그 기간은 최소 몇 달에서 길게는 1년이 넘게 걸릴 수도 있다.

예를 들어, 한 회사의 사장이 더 나은 조직 문화를 만들기 위해 자신이 먼저 바뀌기로 결심했다고 하자. 그는 직원들이 하는 말을 평소보다 더 주의 깊게 듣고, 직원들의 사소한 아이디어 하나에도 칭찬을 아끼지 않았다. 과연 직원들은 그의 변화를 눈치챘을까?

리더십 변화에 관련된 연구로 박사 학위를 받은 얀카 스토커Janka Stoker에 따르면, 직원들이 사장의 행동 변화를 알아차리기까지는 최소 몇 개월이 걸린다.

얀카 스토커는 네덜란드 기업 포스트뱅크와 후고뱅스, 두 기업의 경영자를 대상으로 연구 실험을 진행한 적이 있다. 두 경영자는 모든 직원에게 관심을 표현하고, 그들에게 주도적으로 일할 수 있는 기회를 제공함으로써 자신들이 혁신적이고 리더십 있게 직원들과 상호 관계를 맺고 있다고 확신했다.

그러나 실제 연구 결과, 직원들은 어떠한 변화도 느끼지 못한다는 것이 밝혀졌다. 경영자들은 생각으로는 분명히 변화하고 있었지만, 그 생각의 변화를 직원들이 인식할 수 있는 행동으로 옮기지 못했던 것이다.

이 연구 결과는 직원들의 일상적인 행동을 바꾸는 일이 한 기업의 구조나 브랜드를 바꾸는 대규모적인 변화를 실행하는 일보다 훨씬 더 어렵다는 사실을 보여준다.

변화를 시도하는 과정에서 행동을 바꾸는 것이 가장 어려운 일이라면, 우리는 행동에 대해 정확히 분석해야 할 필요가 있다. 과연 '행동'이란 무엇일까?

행동에 대한 가장 일반적인 정의는 한 사람의 환경과 관련된 모든 동작과 반응이다. 여기에는 생각하고 느끼는 일과 같이 '눈에 보이지 않는' 행동이 포함된다. 물론 나는 이 책에서 관찰이 가능한, '눈에 보이는' 행동에 초점을 맞출 것이다. 이것이 우리가 사회에서, 직장에서 그리고 자신의 삶에서 구체적인 변화를 만들기 위해 필요한 행동이기 때문이다.

그러나 의외로 행동의 개념을 혼동하는 사람들이 많다. 일반적으로 우리가 '행동'이라고 정의하는 것들도 사실은 행동의 결과나 목표, 계획에 해당하는 경우가 많다.

아래 예시를 살펴보자. 다음 중 무엇이 행동이고 무엇이 행동이 아닐까?

- 나는 하루에 두 번 약을 복용한다.
- 나는 행복하다고 느낄 때가 더 많다.

- 나는 헬스장에 가기로 결심했다.
- 나는 대화할 때 상대의 이야기에 더 집중하는 편이다.

1번과 4번이 행동이다. 2번은 행동의 결과 또는 설정한 목표다. 그리고 3번은 어떤 것을 하려는 계획이다.

행동은 여러 가지 형태로 나타난다. 가령, 일생의 연인과 결혼하는 일처럼 단 한 번만 하는 행동이 있다. 반면 정기적으로 하긴 하지만, 꾸준히 지속하지 않는 행동도 있다. 업무를 마친 뒤 책상을 정리하는 일이 그런 행동이다. 또 무의식적으로 아무 생각 없이 자주 하는 행동도 있다. 이를 '습관적인 행동'이라고 부른다.

습관적인 행동은 변화의 과정에서 중요한 역할을 한다. 단 한 번에 그치는 일시적인 행동으로는 지속적인 발전을 이룰 수 없다. 진정한 변화를 원한다면 지속 가능한 새로운 행동을 실천하는 것을 목표로 삼아야 한다. 여기서 바로 습관이 만들어지기 시작한다.

그렇다면 습관은 무엇일까? 습관은 특정한 상황에서 별다른 생각과 노력 없이 반복하는 일련의 행동을 말한다.

만일 현재 다니고 있는 직장이 너무 바빠서 견딜 수 없다고 느껴지면, 우리는 그 일을 관두고 다른 일을 찾기로 결심한다.

하던 일을 그만두는 것은 별로 어려운 일이 아니다. 노력한다면 금방 새로운 일을 찾을 수도 있다. 문제는 새 직장에서도 과도한 업무에 시달리게 되는 상황에 처했을 때, 똑같은 함정에 빠지지 않게 되리라는 보장이 없다는 것이다.

이런 경우 문제를 해결하려면 퇴사를 결정하기에 앞서 평소 자신의 업무 습관을 점검해봐야 한다. 업무 과부하로 늘 피곤에 시달리면서도 꾸역꾸역 해내는 일 자체가 오래도록 굳어진 습관적인 행동일 수도 있다.

그러므로 변화를 위해 실행해야 하는 행동은 퇴사가 아니라 일의 명확한 우선순위를 정하는 것(중요한 일과 긴급한 일, 불필요한 일을 구분하는 것) 그리고 동료들에게 "그건 불가능해요", "그것 말고 차라리 이렇게 해보면 어떨까요?"라고 말하는 방법을 배우는 일이다.

다시 말해, 해야 할 일이 산더미같이 쌓여 있는 환경에서도 자신이 정신적으로 건강한 상태를 유지하는 데 도움이 되는 새로운 습관을 만들어야 한다. 이것은 매우 중요한 포인트다. 습관은(좋은 습관이건 나쁜 습관이건) 우리가 특정한 상황에 처했을 때, 대처하는 구체적인 행동에서 무의식적으로 형성되기 때문이다.

행동 변화에 있어서 알아야 할 중요한 포인트는 또 있다. 아침에 출근해서 사무실에 도착한 상황을 떠올려보자. 자리에 앉자마자 컴퓨터를 켜고 받은 메일함을 연 뒤 답장을 쓰기 시작한다. 그러는 동안 우리는 자신이 매우 바쁘게 일한다고 느낀다. 메일을 여는 것은 우리의 호기심을 충족시키고, 답장을 다 쓴 뒤 '보내기'를 클릭하면 무언가를 해결했다는 성취감까지 든다.

여기서 알 수 있는 흥미로운 사실 하나가 있다. 바로 우리의 뇌에 존재하는 보상 시스템은 편리함과 이익, 즐거움 그리고 '성공 경험'에 반응한다는 점이다. 실제로 신경학자들은 성공에 대한 기대만으로도 보상 시스템이 촉발된다고 믿는다. 다만 이 보상 시스템은 장기적인 것에는 전혀 관심이 없다. 단지 '지금, 이곳에서, 내가' 하고 있는 어떤 경험이 즐겁다는 사실이 중요하다.

다시 말해, 어떤 행동을 실행했을 때 즐겁다고 느끼거나, 이로 인해 성공한 경험이 생긴다면 우리는 그 행동을 더욱 자주 반복한다. 또한 시간이 지나면서 점점 의식하지 않을 때까지 훨씬 더 쉽게 그 행동을 지속한다.

반대의 경우도 마찬가지다. 불편하다고 느끼거나 고통받았던 기억이 있다면 우리는 그 행동을 회피하게 된다. 그런 행동은 우리가 의식적으로 생각해야만 할 수 있는 행동들이다.

'편하다', '쉽다', '즐겁다'고 느낀 경험은 행동 변화에 있어서 매우 중요한 요소다. 그리고 이것은 우리가 이 책에서 계속 논의할 주제이기도 하다. 다음 2장에서는 우리의 행동이 작용하는 방식과 행동을 바꾸는 것이 왜 어려운지 살펴볼 것이다.

삶을
변화시키는
질문 노트
Q

1. 당신은 왜 변화하기를 원하는가? 그 이유를 구체적으로 적어보자.

2. 현재 자신을 둘러싼 불만족스러운 상황이 있다면, 구체적으로 적
어보자.

3. 당신은 어떤 습관을 기르고 싶은가? 한 가지만 골라 적어보자.

CHAPTER 2

우리는 왜 스스로를
바꾸는 데 서툰 걸까?

변화를 가로막는 3가지 장애물 제거하기

많은 사람들이 안타깝게도 흡연이나 과음, 과식, 불규칙적인 식사와 몸에 해로운 음식 섭취, 과로 등과 같은 행동으로 스스로를 위기에 몰아넣고 있다. 이러한 나쁜 습관들은 암, 심장 질환, 뇌졸중, 당뇨병 같은 심각한 건강 문제를 일으킬 뿐만 아니라, 일찍 사망하게 만드는 주요 원인이 되기도 한다. 이미 전 세계의 연구자들이 인정하는 사실이다.

지난 10년간 의학 분야에서 행동 변화에 관한 많은 연구가 이루어진 것도 이 때문이다. 행동 변화에 관한 연구는 2008년에 본격적으로 크게 증가했다. 그해에 건강 심리학자인 찰스 에이브러햄Charles Abraham과 수잔 미치에Susan Michie가 수십 가지의 행동 변화 방법에 대한 최초의 분류 체계(체계적인 개요)를 소개한 것이 계기가 되었다.

이것은 연구자들에게는 그야말로 대축제와도 같은 사건이었다. 이 분류 체계를 바탕으로 행동 과학 분야의 모든 연구를 통일된 방식으로 비교할 수 있게 되었기 때문이다.

과거에는 연구자들이 행동 변화 연구에 사용된 변화 기법에 자기만의 방식으로 이름을 붙였다. 그러나 분류 체계가 만들어진 이후부터는 통일된 명칭을 사용할 수 있게 되었다. 예를 들어, 분류 체계를 이용해서 행동 과학 연구를 다음과 같이 설명할 수 있다.

- 이 독일 연구는 35번 변화 방식과 결합된 12번 변화 방식을 사용하고 있다. 이것은 1년 후 캐나다의 연구가 사용한 방식과 같다. 오스트레일리아 연구에서는 35번 방식만 사용했다. 결과적으로 어떤 차이가 나타났는지 살펴보자.

이 분류 체계 덕분에 지금은 행동 과학 연구를 통일된 방식으로 결합할 수 있게 되었다. 다시 말해, 행동 변화를 시도하는 데 있어서 효과적인 방법과 그렇지 않은 방법의 명확한 패턴을 알 수 있게 되었다는 뜻이다.

행동 과학 연구원인 토머스 웹Thomas Webb과 그의 동료들은 에이브러햄과 미치에의 분류 체계를 이용해서 행동 조정behavioral intervention에 관한 85가지 연구를 비교했다. 연구는 인터넷을 통해 실시되었으며, 연구에 참가한 인원은 총 43,000명이었다.

웹과 동료 연구원들은 해당 연구를 통해 몇 가지 결론을 내렸다. 그중에서도 가장 중요한 결론은 '과학적인 숙제scientific homework'를 하면 더 좋은 결과를 얻을 수 있다는 사실이다. 다시 말해서 과학적인 이론을 기반으로 한 변화 조정이 육감, 직감, 개인적인 경험을 기반으로 한 조정보다 지속적인 효과를 가져온다는 것이다. 우리가 변화를 시도하기 전에 행동 과학에 대해 더 많이 알아야 하는 이유도 여기에 있다.

또 다른 중요한 결론은 행동 변화를 위해 다양한 많은 방법을 사용하는 것이 한두 가지 방법을 사용하는 것보다 더 효과적인 조정 방법이라는 사실이다.

예를 들어, 사람들의 행동이 변화하는 것을 원한다면, 그들의 직접적인 환경 요소를 바꾸어야 한다. 아니면 자신이 바라는 행동을 직접 보여줄 수도 있다. 그 행동에 대해 보상을 제공하는 것 또한 효과적인 방법이 될 수 있다. 그러나 가장 좋은 조정 방법은 이 세 가지를 한 번에 사용하는 것이다. 한마디로 '더 적은 방법, 더 많은 효과'가 아니라 '더 많은 방법, 더 많은 효과'라고 요약할 수 있다.

그렇다면 기업과 정부 기관에서 시도하는 많은 변화가 실패하는 이유는 무엇일까? 웹과 그의 동료들은 의외로 많은 기업 경영자들과 정책 결정자들이 조직의 행동 변화를 위한 조정 방법을 너무 적게 사용한다는 중요한 사실을 발견했다.

문제점을 발견하면 서둘러 해결방법을 찾아내지만 그 방법을 철저하게 검토하지 않고 시도한다는 점도 밝혀냈다. 또한 작업 환경의 조정은 보통 'tell-and-sell' 방식으로 이루어진다. 즉, 관리자가 직원들에게 그들이 해야 할 일을 일방적으로 알려주는 것이다. 이것은 대부분의 경우 실망스러운 결과를 가져온다.

그렇다면 이제 우리는 어떻게 해야 할까? 우리에게 숙제를 할 시간이 주어져야 한다. 다음 장에서는 변화를 위한 다양한 방법과 사다리를 소개할 것이다. 숙제를 해결하기 전에 먼저 우리의 행동이 작용하는 방식을 살펴보자.

행동이 작용하는 방식에 대한 일반적인 이론은 '동기부여
motivation'다. 다른 말로 표현하면 사람들이 어떤 행동을 하는 것
은 그들이 그 행동을 '원하기' 때문이다. 담배를 피우기 시작하
는 것, 담배를 끊는 것, 과속 운전을 하는 것, 규칙을 지키는 것,
사업을 하는 것, 급여를 받기 위해 일하는 것 모두가 자신이 원
하기 때문에 하는 행동이다.

우리가 행동의 변화를 원한다면 먼저 행동을 결정하는 요소
들에 대해 알아야 한다. 행동 과학자들에 의하면 행동의 중요한
동인은 다음 세 가지다.

이 세 가지 요소는 행동을 바꾸기 위해 반드시 필요하다. 그
러므로 특정 요소에 치우치지 말고 이 세 요소를 전체적으로 균
형 있게 고려하는 것이 중요하다. 이 부분은 나중에 다시 다루
기로 하고, 우선 이 세 가지 동인에 대해 좀 더 살펴보자.

능력: 할 수 있는 행동이어야 한다

우리가 어떤 행동을 하려면 신체적인 능력과 심리적인 능력이 모두 필요하다. 가령, 훌륭한 농구 선수가 되기 위해서는 타고 난 키가 커야 하는 것은 물론 실패에도 굴하지 않는 힘, 오랜 훈 련 기간을 버틸 수 있는 강한 근성 등이 필요한 것과 같다.

동기: 하고 싶은 행동이어야 한다

어떤 행동을 실행하기 위해선, 그 행동을 하려는 내적인 추진력 이 하지 않으려는 동기보다 커야 한다. 간단한 예로 저녁 시간 에 커피를 마시고 싶지만 늦지 않게 잠에 들기를 원한다고 하 자. 그러면 우리는 '녹차를 마시는 게 좋겠어. 커피에 들어있는 카페인 때문에 잠이 안 올 테니까' 하고 녹차를 선택한다.

나는 여기서 '마시고 싶다', '원한다', '선택한다'라는 단어를 의도적으로 사용했다. 이것이 우리가 일반적으로 동기에 대해 말하는 방식이기 때문이다.

동기에는 두 가지가 있다. 하나는 제어된 동기controlled motivation, 즉 우리의 확신, 계획 수립, 다양한 선택에 대한 의식적인 비교 다. 또 다른 동기는 자동적인 동기automatic motivation다. 즉 우리의 바람이나 욕구, 반복적인 사고 유형이 우리의 행동을 유발하는 것-종종 무의식적으로-이다.

환경: 행동하기에 적합한 환경이어야 한다

물리적 환경과 사회적 환경은 우리가 어떤 행동을 실행할 수 있는 가능성을 높여주거나 제한한다. 예를 들어 닫힌 사무실이나 조용한 작업 공간에서는 일을 더 많이, 빠르게 처리할 수 있지만 반대로 동료들이 계속 들락날락한다면 제대로 일을 할 수 없는 것과 같다.

○
능력, 동기, 환경의
상관관계

능력과 동기, 환경, 이 세 가지 동인과 행동의 상관관계를 그림으로 나타내면 다음과 같다.

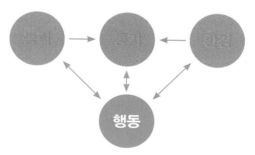

능력, 동기, 환경의 상관관계

능력은 행동과 동기에 직접적인 영향을 끼친다. 예를 들어 달리기를 잘 못하는 사람은 달리기 시합에 참가하지 않는 것과 같다. 반면 달리기 연습을 열심히 하면 달리기를 잘하게 되는 것처럼, 행동이 능력에 영향을 미치기도 한다.

동기와 행동 역시 서로 영향을 주고받는다. 만약 어떤 행동을 시도해서 성공한 경험이 있다면, 그 경험은 행동을 하려는 동기를 더욱 강하게 만든다. 달리기를 열심히 연습해서 잘하게 되고 체력까지 좋아지면, 달리기 시합에 참가하려는 동기가 커지는 것과 같다.

날씨가 좋고 집 근처에 달리기에 적합한 공원이 있으면 달리고 싶은 마음이 더욱 커지는 것처럼, 환경도 동기에 영향을 미친다. 또 시간적 여유가 있고 운동복과 운동화가 갖춰지면 달리기가 더욱 쉬워지듯이 환경 또한 행동에 직접적인 영향을 끼친다. 반면 행동이 환경을 변화시키는 경우도 있다. 예를 들어 공원에서 달리기를 하는 모습이 이를 지켜보는 다른 사람들의 달리고 싶은 마음을 자극할 수도 있다.

개인이나 집단의 행동을 이해하고 바꾸기 원한다면, 능력이나 동기 또는 환경 중 한 가지 요소만을 고려하지 않고, 두루 살피는 것이 중요하다. 그런 다음에는 행동 변화를 방해하는 장애물이 능력인지, 동기인지, 환경인지를 찾아내야 한다.

예를 들어보자. 만일 당신이 양로원의 관리자라면 입소자들에게 더 많은 관심을 쏟도록 간병인들을 독려할 수 있을 것이다. 그러나 간병인들은 시간이 부족하기 때문에 일일이 신경 쓸 여력이 없다. 이럴 경우 당신은 시간적인 압박을 주는 '환경적인 요인'에 대해 조치를 취해야 한다. 그렇지 않으면 변화는 일어날 수 없다.

앞서 언급했던 손 씻기 사례로 잠시 돌아가 보자. 능력, 동기, 환경 중에서 과연 손 씻기를 방해하는 장애물은 무엇이었을까? 연구 결과에 따르면, 바로 환경에 문제가 있었다. 병원 내에서 일하는 직원들은 모든 업무를 빨리 처리해야 하는 상황이거나 더 중요한 일을 해야 하는 데 방해가 되기 때문에 손 씻기를 종종 잊어버린 것이다.

○

우리의 뇌는 최소한의
노력만 들이고 싶어 한다

변화가 새로운 행동, 특히 새로운 '행동 습관'과 깊은 연관성을 가지고 있다는 사실을 우리는 이제 잘 알고 있다. 그렇다면 우리를 방해하는 장애물은 무엇일까? 왜 이토록 행동 변화가 어려운 것일까? 이번에는 행동 변화를 방해하는 세 가지 장애물을 구체적으로 살펴보자.

행동 변화의 첫 번째 장애물은 자동적으로 반응하는 행동, 즉 습관을 선호하는 경향이다. 이는 행동을 결정짓는 세 가지 요소 중 능력과 밀접한 연관이 있다. 변화가 일어나게 하려면 새로운 능력을 개발해야 하기 때문이다.

새로운 문제에 부딪혔을 때 누군가가 그 문제를 해결하는 방법을 알려주면 변화가 빨리 일어날 수 있다. 예를 들어 새 스마트폰을 구입했을 때, 사용 방법을 모르면 다른 이용자들이 쓴 후기를 참고하여 해결할 수 있다. 이런 문제들은 간단하다.

그러나 정기적으로 부딪히는 모든 상황을 해결하기 위해 오랜 시간에 걸쳐 형성된 습관적인 행동을 새로운 습관으로 대체하는 것은 매우 어려운 일이다.

만일 당신이 한 팀의 리더로서 오랫동안 같은 방식으로 팀을 관리해왔다고 하자. 명확하게 지시를 내리고 누군가가 실수를 하지 않으면 아무도 당신에게 문제를 제기하지 않는다. 오랫동안 문제가 없다고 해서 팀원 모두가 당신에게 불만이 없다는 것은 아니라는 뜻이다.

그런 상황에서 당신이 지금까지 보여줬던 권위적인 리더의 모습이 아니라 긍정적인 자극을 주는 리더의 모습을 보이기로 결심했다면 그 변화는 쉽게 이루어질 수 있는 단순한 문제가 아니다. 당신은 지금까지 깊이 생각하지 않고 매일 해왔던 습관적인 행동을 새로운 행동으로 대체해야 한다. 한 예로 팀원들에게 열린 질문을 더 많이 하는 방법을 사용할 수 있을 것이다.

이런 상황에서 우리의 뇌는 서로 상반되는 두 가지 과정으로 반응한다. 한편으로는 새로운 행동을 실행하기 위해 의식적으로 계획을 세우고, 다른 한편으로는 많은 에너지가 필요하지 않은 행동을 반복하는 것에 집중한다.

이것을 심리학자들은 우리의 뇌가 '인지적인 용이함cognitive ease'을 찾는다고 표현한다. 즉, 최소한의 노력으로 필요한 것을 얻는 데 초점을 맞춘다는 말이다.

우리는 새로운 행동을 보상하고 그 행동을 자주 반복함으로써 새로운 습관을 형성할 수 있다. 그러나 연구 결과를 보면 기존의 습관을 바꾸기 위해 선택한 간단한 습관, 예를 들면 점심 식사 때 과일을 먹거나 아침 식사 전에 운동을 하는 것 같은 습관을 만드는 데도 평균 두 달 이상의 기간이 필요하다는 사실을 알 수 있다. 더 복잡한 행동은 당연히 더 오랜 시간이 필요하다.

이전의 행동 패턴을 새로운 행동 패턴으로 대체하는 것(우리는 이것을 오래된 습관을 '버리고' 새로운 습관을 '만든다'고 말한다)은 분명 가능한 일이다. 그러나 우리는 이 일이 얼마나 어렵고 얼마나 많은 시간을 할애해야 하는지에 대해서는 과소평가한다. 우리의 뇌는 생각하지 않고 저절로 행동하게 되는 습관을 더 좋아한다. 그리고 이러한 성향은 새로운 능력을 개발하는 데 있어서 장애물로 작용한다.

♡   우리의 뇌는 실수를
                                         두려워한다

행동 변화의 두 번째 중요한 장애물은 고통, 불편함, 상실을 회피하려는 성향이다. 앞서 나는 동기가 우리의 행동에 미치는 영향에 대해 설명했다. 이것은 상실을 싫어하는 우리의 본성과 밀접한 연관성을 갖는다.

우리의 뇌는 편안함, 즐거움, 획득보다 불편함, 고통, 상실에

대해 훨씬 더 강하게 반응한다. 다시 말해서 고통스러운 사건들을 더 빨리 인지하고 더 오래 기억한다. 흥미롭게도 행동 경제학자들은 사람들이 일정한 양의 돈을 얻는 일보다 같은 양의 돈을 잃는 일에 두 배 더 큰 영향을 받는다는 사실을 증명했다. 돈이 아닌 친구나 가족 같은 사회적인 자산의 경우에는 얻는 것과 상실의 차이가 훨씬 더 크다.

행동 연구가들은 사람들이 변화 자체를 싫어하기보다 상실로 이어지는 변화를 싫어한다고 말한다. 상실을 회피하는 것이 뇌의 중요한 임무라고 믿는 심리학자들도 있다. 특히 개인에게 있어서 상실을 회피하는 것은 중요한 문제다. 우리의 뇌는 항상 자동적으로 '다른 사람들-그곳-나중'보다 '나-여기-지금'에 초점을 맞춘다. 이것이 생존할 수 있는 능력에 필수적인 요소이기 때문이다.

유명한 심리학자 로이 바우마이스터^{Roy Baumeister}는 이렇게 말했다. "생존은 나쁜 결과에 대해서는 긴급한 주의를 필요로 하지만, 좋은 결과에 대해서는 주의를 덜 필요로 한다. 우리의 관점에서 볼 때 이러한 차이는 가장 기본적이고 광범위한 영향을 미치는 심리적인 원리 중 하나다."

요약하면, 동기는 목표를 성취하거나 구체적인 행동을 실행할 때 경험하는 내적인 추진 요인이다. 많은 경우, 고통과 상실을 피하려는 강박관념은 변화뿐 아니라 배우고 시도하려는 동기를 제한한다. 한 예로 "실수를 해도 괜찮다"는 말은 우리가 자주 듣는 표현이지만 정작 우리의 뇌는 "실수를 하는 것은 잘못된 행동이다. 실수하지 말라!"는 경고로 받아들이며 실수에 대한 두려움을 가진다.

우리의 뇌는 환경에
저절로 적응한다

행동 변화의 세 번째 중요한 장애물은 환경이다. 환경에는 물리적인 환경과 사회적인 환경이 모두 포함된다.

우리는 하루 종일 물리적인 자극과 사회적인 자극에 자동적으로 반응한다. 예를 들면, 대화를 할 때 상대의 말에 고개를 끄덕이거나 앞에 음식이 있으면 배가 불러도 계속 먹는 행동이다. 이런 행동은 대부분 무의식적으로 일어난다.

반대로 의식적으로 일어나는 행동은 자신이 처한 상황에서 비롯되는 경우일 때가 많다. 자동차의 연료 게이지에 빨간불이 깜빡이기 시작하면 연료를 채우러 주유소를 가야겠다는 생각을 하는 것처럼 말이다.

이처럼 우리는 대부분의 경우 환경에 자동적으로 그리고 무의식적으로 적응한다. 그렇기 때문에 행동을 바꾸는 가장 확실한 방법 중 하나는 환경을 바꾸는 것이다. 다만 이 방법엔 제약이 있다. 업무 분위기를 더욱 자유롭게 개선하기 위해 사무실에 스탠딩 테이블을 설치한다거나 자리 배치를 바꾸고 싶다 하더라도, 먼저 동료들과 상의한 후 결정을 해야 하는 것처럼 말이다.

이를 두고 노벨상 수상자이자 행동 경제학자인 리처드 탈러Richard Thaler는 "행동은 대부분 환경에 의해 결정된다. 이것은 삶의 기본 원리 중 하나다"고 말했다. 그의 말대로, 행동을 변화시키기 위해서 우리는 주어진 환경에서 '어떤 것'을 바꿔야 한다는 사실을 수용해야 한다.

또한 우리가 바라는 행동을 실천하기 쉬운 방식으로 일하는 환경과 생활하는 환경을 설계해야 한다.

한계를 인정하면
변화는 훨씬 쉬워진다

우리는 안타깝게도 자신이 처한 혹은 주어진 환경에 좌우될 수

밖에 없는 존재다. 그러니 "평생을 이렇게 살았는데, 나 같은 게 뭐 바뀌기나 하겠어?"라고 생각하는 것도 당연한 일이다.

그러나 좀 더 낙관적인 시각을 가질 수도 있다. 지금껏 살펴봤듯이, '변화가 가능한 것'과 '변화가 불가능한 것'에 대해 현실적인 시각을 갖는 일 자체만으로도 이미 성공적인 변화가 시작되었다고 생각해볼 수도 있다.

행동 경제학자 탈러는 행동의 통제가 자신의 한계를 인정하는 것에서 시작된다고 믿는다. 그는 이렇게 말한다. "현실적으로 생각하라. 우리는 완벽하지 않다, 우리는 이성적이지 않다. 우리는 의지력이 약하다. 그러므로 어떤 일을 제대로 해내려면 우리에게는 도움이 필요하다."

삶을
변화시키는
질문 노트
Q

1. 과거에 당신이 이루고자 했던 변화는 무엇이었는가? 또 변화를
위해 선택한 행동은 무엇이었는가?

....

....

....

2. 1번에서 대답한 변화에 실패했다면, 선택한 행동에 자신의 능력,
동기, 환경이 어떤 영향을 미쳤는지 생각해보자.

....

....

3. 능력, 동기, 환경 중에서 과거에 당신의 변화를 가로막은 장애물
은 무엇이었는가?

....

....

CHAPTER 3

변화의 사다리는 어떻게 노력을 성공으로 이끄는가?

변화로 가는 가장 빠르고 확실한 방법

앞서 잠깐 언급했던 하버드 비즈니스 스쿨의 존 코터 교수는 경영 분야에서 가장 잘 알려진 변화 전문가다. 몇 년 전에 나는 한 세미나 발표회에서 그를 만난 적이 있다. 코터 교수와는 세 번째 만남이었지만, 대화를 하기에 앞서 내심 긴장이 되었다. 그가 쉽게 흥분하는 성향을 지녔기 때문이다. 내가 하는 말이 혹시라도 그를 자극시킬까 우려스러웠으나 괜한 걱정이었다. 우리는 '많은 컨설턴트들이 조직의 변화를 위해 지나치게 복잡한 모델을 사용한다'는 점에서 공통된 불만을 가지고 있었고, 서로의 말에 깊이 공감했다.

코터 교수는 다소 격앙된 목소리로 말했다. "무려 19단계에다가 온갖 보조 단계와 주의사항까지 끼워 넣다니… 너무 복잡해서 그걸 이해하려면 당신과 나조차도 컨설턴트가 필요할 겁니다."

이어 그는 모든 변화 과정은 저마다 다른 방식으로 작용한다는 것을 경험을 통해 깨달았다고 했다. 그렇기 때문에 복잡한 모델이나 이론을 만들어내는 것은 불합리하다는 게 그의 주장이었다. 코터 교수는 말했다. "변화처럼 복잡하고 다양한 문제일수록 최대한 간단한 규칙과 원리를 적용하는 편이 훨씬 더 효과적입니다. 개인마다 자신에게 주어진 상황에 적용시키면 그만이니까요."

나 역시 그의 말에 전적으로 동의한다.

가장 단순하지만 가장 확실한 방법

코터 교수의 말대로, 많은 조직에서 변화와 발전을 이루기 위해 세우는 계획은 너무 치밀하거나 복잡하다. 또, 자신의 개인적인 삶에서 변화를 원하는 사람들 역시 아무런 계획도 갖고 있지 않은 경우가 허다하다. 설령 계획을 세운다 하더라도 대개는 막연하고 모호하다.

변화의 사다리는 이런 사람들을 위해 만들어진 가장 단순한 모델이다. 개인이 처한 다양한 상황에 적용할 수 있는 간단한 원리이자 변화를 실제적으로 이끌어줄 도구인 셈이다.

내가 사다리를 이용하는 또 다른 이유는, 행동 과학을 기반으로 한 변화에 대한 지식을 논리적이며 체계적으로 활용하기 위해서다. 사다리 모델은 계획을 짜는 순서에 맞게 연구 결과에서 얻은 중요한 통찰과 팁을 제시한다. 사다리는 세 단으로 구성되어 있고 각 단은 모든 변화에서 일어나는 세 단계를 나타낸다.

변화의 사다리

- 1단 – 목표를 설정하라

- 2단 – 바라는 행동을 선택하라

- 3단 – 지지대를 구성하라

이 세 단계는 서로 유기적으로 연결되어 있다. 이전과는 다른 결과를 얻기를 바란다면, 새로운 목표를 세우고 행동을 바꿔야 한다. 목표가 생겼다고 해서 행동이 자동으로 바뀌는 것은 아니다. 일시적인 행동은 지속되기도 힘들다. 그러므로 우리는 행동을 받쳐줄 지지대를 구성해야 한다.

오로지 한 가지 목표만을 정하라

사다리의 첫 번째 단은 '목표'를 나타낸다. 이때 목표란 당신이 원하는 새로운 상황이나 결과를 의미한다.

변화는 지금과는 다른 '새롭고 더 좋은 것'을 가지길 바라는 꿈과 희망에서 시작된다. 개인적인 상황에서는 균형 있고 건강한 삶이나 활력을 주는 긍정적인 인간관계, 풍요롭고 경제적인 안정, 자기계발을 위한 외국어 학습 등이 목표가 될 수 있다.

기업의 경우에는 시장을 선도하는 혁신적인 아이디어, 위기 상황을 극복할 수 있는 뛰어난 리더십 함양, 새로운 상품 개발에 따른 높은 수익 창출, 소비자와의 커뮤니케이션을 통한 브랜드 이미지 구축 등을 들 수 있다.

나아가 사회적인 관점에서의 목표는 안전하고 편리한 교통 시설 확장, 친환경 제도 시행으로 인한 이산화탄소 배출량 감소, 의료 지원 혜택 확대, 더 좋은 교육환경 조성 등이 될 수 있다.

그렇다면 만약 목표가 두 가지 이상일 경우라면 어떨까? 결론부터 말하면, 한 가지 목표에 집중하는 것이 좋다.

물론 한 번에 두 가지 이상의 목표를 이루는 것도 가능하다. 다만, 여기에는 해당 목표들이 일상적인 행동만으로도 충분히 성취될 수 있다는 조건이 붙는다. 쉽게 말해, 우리가 이미 실행하고 있는 행동을 단순 반복하는 일만으로도 달성할 수 있는 목표들이라면 동시에 추구할 수 있다.

그렇지만 이전과는 다른 새로운 변화를 원한다면, 오로지 한 가지 목표에 집중해야 한다. 그것만으로도 충분히 어렵다. 혹시 자신이 현재 두 가지 이상의 목표를 가지고 있다면, 목표의 우선순위부터 정하길 바란다. 그리고 우선순위대로 실천해보라. 여러분은 결국 첫 번째 목표를 추구할 시간밖에 없다는 사실을 깨닫게 될 것이다.

사다리의 가운데 단은 '행동'이다. 이전과 다른 결과를 얻으려면 이전과 다른 행동이 필요하다.

그것은 한 사람만의 행동일 수도 있고, 여러 사람의 행동일 수도 있다. 단 한 번의 행동으로 변화가 가능할 수도 있지만, 대부분의 경우 새로운 행동을 지속적으로 할 때 변화는 이뤄진다. 새로운 행동을 새로운 습관으로 만드는 일은 변화의 과정에서 반드시 필요하지만, 우리에게 가장 취약한 부분이다. 많은 사람들이 변화에 실패하는 이유도 여기에 있다. 자신의 목표를 이루는 데 필요한 행동 계획을 명확하게 설정하지 않고 너무 모호하게 세운다. 가령 다음과 같은 식이다.

- 나는 앞으로 가족에게 더욱 관심을 가질 것이다.
- 나는 앞으로 스마트폰 하는 시간을 줄일 것이다.
- 나는 앞으로 덜 먹고, 더 자주 운동할 것이다.

여러분은 어떠한가? 그동안 자신이 세웠던 행동도 예시와 크게 다르지 않다면, 이제 변화에 실패할 수밖에 없었던 이유가 무엇인지 또렷이 보일 것이다.

물론 행동을 명확하게 계획하는 일은 쉽지 않다. 게다가 인간은 본질적으로 확실하게 규정된 지시보다 의무성을 띠지 않는 간단한 조언을 더욱 쉽게 받아들인다.

그러나 변화를 원한다면 '그 변화를 만들어내기 위해 누가 무엇을 할 것인가?'라는 문제를 두고 아주 구체적으로 생각해야 한다. '얼마나 자주? 얼마나 오랫동안? 얼마나 집중해서'부터 시작해 '어디서, 언제, 누구와 함께?'라는 질문을 스스로에게 계속 묻고 대답해야 할 것이다.

리더로서 조직의 변화를 성공적으로 이끌어내고자 한다면, 무엇보다 자신이 팀원들에게 바라는 행동이 무엇인지를 그들에게 명확하게 주문해야 할 필요가 있다. 방법은 간단하다. 리더는 팀원에게 바라는 행동을 스스로도 정확하게 표현할 수 있어야 하며, 자신도 그 행동을 실행할 수 있어야 한다.

이때 가장 중요한 것은 핵심 행동이 무엇인지를 알아차리는 일이다. 앞서 행동을 변화시키는 일은 어렵기 때문에 한 번에 한 가지씩 시도하는 것이 좋다고 말한 바 있다. 그 '한 가지'는 우리가 이루고자 하는 목표에 가장 영향을 크게 미치는 행동, 가능하면 부정적인 영향보다는 긍정적인 영향을 미치는 행동을 선택해야 한다. 이 행동을 바로 '핵심 행동'이라고 한다.

예를 들어, 팀원들이 지금보다 더 창의적인 아이디어를 내쳤으면 하는 바람이 있다고 하자. 이 목표를 이루기 위해 팀장이 취해야 할 핵심 행동은 회의 때 팀원들 의견 하나하나에 호기심을 보이고, 적극적인 브레인스토밍으로 이어질 수 있도록 관련된 질문을 계속 던지는 일이다. 이 방법은 팀원들의 창의성을 이끌어낼 뿐만 아니라 팀원들과의 신뢰도까지 높일 수 있다.

◯   1-1-3
                                                    법칙을 기억하라

사다리에서 가장 낮은 단은 '지지대'다. 우리가 바라는 행동이 습관으로 굳어질 때까지 꾸준히 지원하기 위해 실행하는 모든 방법이 여기에 포함된다.

인생 경험이 조금이라도 있는 사람이라면 매력적인 목표와 멋진 계획은 우리의 행동에 단기적이고 미미한 영향밖에 미치지 못한다는 사실을 알고 있을 것이다.

우리에게는 원하는 변화가 실제로 일어날 수 있도록 적극적으로 지원해주는 지지대가 필요하다. 즉, 우리가 바라는 행동을 실행할 수 있도록 도와주는 실제적인 방법, 기술, 자극, 조정이 필요하다는 뜻이다.

지지대는 다양한 형태로 실행될 수 있다. 몇 가지 예를 들어
보자.

- 사무실 벽에 커다란 화이트보드를 걸면 매일 목표를 얼마나 달성했
  는지 확인할 수 있다.
- 자녀들과 자주 대화를 나누면 갑자기 닥치는 양육 문제 상황에서도
  빠르게 대처할 수 있다.
- 주거 지역에 교통 표지판, 좁아지는 도로, 과속방지턱을 설치하면,
  운전 속도를 낮춰 사고를 방지할 수 있다.

그러나 많은 사람들이 자신이 무엇을 해야 하는지는 알고 있
어도, 그 행동을 지지하는 방법에 대해서는 잘 모른다.

실제로 나는 기업 컨설팅 현장에서 너무나 많은 리더들이 팀
원들에게 "앞으로는 고객 만족을 최우선으로 두고 더욱더 노력
합시다"와 같은 연설을 늘어놓는 장면을 자주 목격했다. 이 연
설은 "그러기 위해서는 동료끼리 서로 도와야합니다"라는 훈훈
한 격려가 뒤따른다. 그걸로 끝이다.

하물며 강연회 연단에 올라선 수많은 변화 전문가, 경영 컨설
턴트, 기업 CEO를 떠올려 봐도 이야기의 초점이 '성공적인 변

화를 이뤄내기 위해 우리가 할 일은 무엇인가?'에 맞춰져 있는 경우가 대다수다. 이들의 말은 대개 막연하고 모호하다.

이러한 경험을 바탕으로 나는 아주 간단한 원칙, '1 - 1 - 3 법칙'을 고안했다. 이 법칙은 성공적인 변화를 이끌어내려면 한 가지 목표를 설정하고, 한 가지 행동을 선택해야 하며, 이 행동을 뒷받침해줄 지지대를 최소한 세 가지 이상 만들라는 것이다.

그뿐 아니라 사다리 모델은 '아래로 계획을 세우고', '위로 실행함으로써' 주의 깊고 단계적인 변화의 과정을 이끈다.

먼저 위에서 아래로 계획을 세워라. 자신의 목표를 구체적으로 명시하고, 그 목표를 구체적인 행동으로 표현하고, 필요한 지지대를 설정하라. 그런 다음 아래에서 위로 실행하라. 지지대를 설치하고, 행동을 실행하고, 그 행동이 목표에 다가가게 하는지 확인하라.

마지막 부분은 학습 과정이다. 학습 과정에서 필요한 행동이 실제로 실행되고 있는지 확인하라. 목적지가 보이는가? 그렇지 않다면 지지 방법을 조정해야 한다. 아니면 다른 행동을 선택해야 하는 경우도 있다.

삶을
변화시키는
질문 노트
Q

1. 당신이 새롭게 이루고 싶은 변화는 무엇인가?

....

....

....

2. 당신이 결심한 변화를 이루기 위해 세운 계획에는 목표, 행동, 지
지대가 포함되어 있었는가?

....

....

3. 사다리의 세 단계를 당신이 이루고 싶은 변화에 어떻게 적용할
것인가?

....

....

CHAPTER 4

실패할 계획을 세우지 말고
성공할 계획을 세워라

1단 목표 설정하기

모노폴리나 스크래블 같은 보드게임을 해본 적이 있는가? 게임의 목적은 이기는 것이다. 그 목적을 이루기 위해 우리는 정해진 게임 규칙에 따라 목표를 세운다. 가령, '도로와 호텔을 가장 먼저 확보해야 한다', '최대한 긴 단어를 만들어서 점수를 따야 한다'처럼 말이다. 게임을 하는 동안에는 모든 에너지를 그목표에 집중한다. 게임이 끝나면 목표는 사라지고, 우리는 다른 할 일을 시작한다.

뜬금없이 게임 이야기를 꺼내는 이유는 게임이 목표가 지니는 마법 같은 힘에 대해 말해주기 때문이다. 그래서 목표를 다른 말로 '동기 자석motivation magnet'이라고도 표현한다. 목표는 앞으로 나아가야 할 방향을 알려주고, 행동을 시작하게 하며, 얼마나 잘 가고 있는지 확인할 수 있도록 해준다. 그렇기에 목표 설정은 매우 중요한 작업이며, 오로지 게임이 진행되는 동안에 만 지속된다.

목표가 구체적일수록 달성 가능성이 높아진다

꿈과 목표가 없어도 살아가는 데 큰 지장은 없다. 그러나 꿈과 목표가 있는 삶은 활기차다.

목표 설정 이론을 주장한 심리학자 에드윈 로크Edwin Locke는 목표가 지니는 긍정적인 효과에 대해 다음과 같이 말했다.

- 목표는 길을 보여준다. → 목표와 관련된 활동에 모든 주의와 노력을 기울이게 만든다.
- 목표는 에너지를 준다. → 어려운 목표는 쉬운 목표보다 더 뛰어난 노력을 이끌어낸다.
- 목표는 인내심을 키워준다. → 명확하고 현실적인 목표는 집중력을 오래도록 유지시킨다.
- 목표는 창의력을 자극한다. → 목표가 있으면 우리는 그것을 성취하

기 위해 온갖 방법을 찾게 된다.

행동과학과 심리학을 경영관리에 접목시킨 연구로 유명한 조직심리학자 프레드 루선스Fred Luthans 역시 목표의 중요성을 강조한 바 있다. 그는 목표가 명확하면 할 수 있다는 자신감이 높아지고, 실패해도 회복력이 빨라지며, 긍정적인 마음가짐을 가질 수 있다고 밝혔다. 기업의 경우, 목표는 조직 구성원들의 업무 성과와 만족도를 높여주고, 결근과 냉소주의를 감소시켜 조직 내 좋은 업무 분위기를 만들어준다.

무엇보다 목표는 불확실한 상황에서도 앞으로 나아갈 지표

변화의 사다리

를 제시한다는 점에서 특히 중요하다. 스스로를 바꾸고자 할 때나 다른 사람들과 함께 조직의 변화를 모색할 때, 그 과정에서 여러 가지의 감정과 의견, 아이디어들이 생겨나고 서로 충돌한다. 이때 명확한 목표는 어떤 것이 더 중요하고, 덜 중요한지를 평가할 수 있는 기준이 되어준다.

行동의
목표와 동인

앞서 2장에서 우리는 행동의 세 가지 동인인 능력, 동기, 환경에 대해 살펴보았다. 목표를 결정하는 일은 이 세 가지 요소와 밀접한 관련이 있다.

먼저 목표는 동기를 촉진시킨다. 어떤 목표인지에 따라 우리는 그것을 수행할지 말지를 적극적으로 선택한다.

좀 더 구체적으로 말하면, 목표가 자신의 능력으로는 수행할 수 없거나 또는 자신이 처한 상황에서 도저히 실현이 불가능하다고 판단되면, 우리는 목표를 실행할 동기를 상실해버린다. 경영자가 직원들에게 새로운 목표를 제시할 때를 떠올려보자. 새로운 목표를 들은 직원들이 '우리 부서는 매출을 해낼 수 없어',

'우리 회사에서 그런 일은 절대 일어날 수 없어'라고 생각하게 만드는 목표는 좋은 목표가 아니다. 이런 목표는 모든 변화의 과정에서 부정적인 영향을 미친다.

그러므로 리더는 새로운 목표를 제시하기에 앞서 직원들이 업무를 수행할 수 있는 실제 능력과 그들에게 주어진 업무 환경이 목표 달성을 하기에 적합한지를 먼저 검토해야 한다. 목표를 제시할 때에도 단지 개요를 설명하는 수준에만 그치는 것이 아니라, 목표를 성취하기 위해 개개인이 어떤 방법으로 능력을 개발해야 하는지, 회사 차원에서 직원들의 업무 환경-예를 들면 사무실 시설, 사내 규칙, 직원 수 등-을 어떻게 조정해줄 수 있는지를 구체적으로 설명할 수 있어야 한다.

목표 설정은 변화의 출발점이 된다. 그런 관점에서 매우 중요하다. 목표를 효과적으로 설정하는 방법에 관한 다양한 견해와 아이디어가 나오는 이유도 이와 같다. 그렇다면 성공적인 목표 설정은 어떻게 해야 할까?

실행 목표가 아닌 학습 목표를 세워라

오늘날 큰 성공을 거둔 기업가들에게는 공통점이 있다. 기업을 운영하는 과정에서 처음 세웠던 계획을 근본적으로 조금씩 조정해 나갔다는 점이다.

기업을 운영한다는 것은 단순히 계획을 세우고, 계획 달성에 대한 성과 점수를 매기는 차원의 문제가 아니다. 운영하는 내내 계획을 세우고, 지키기 위해 노력하고, 실수하고, 다시 노력하고, 또 실수하고, 다시 노력하는 일을 반복하면서 많은 것을 배우고 평가하는 과정이다. 이는 기업가들에게만 해당되는 것이 아니다. 개인이 이루고자 하는 모든 변화와 혁신은 학습을 중심으로 이루어진다.

목표는 크게 실행 목표와 학습 목표로 나뉜다. 실행 목표는 다른 사람들에게 우리가 할 수 있는 일을 증명해 보이기 위한 목표다. 예를 들면, '이달 말까지 새로운 고객을 10명 이상 확보할 것이다'와 같은 것이다.

반면 학습 목표는 새로운 능력을 개발하기 위한 목표다. 예를 들면, '이달 말까지 새로운 고객을 확보할 수 있는 방법을 두 가지 이상 찾아낼 것이다'와 같은 것이다.

- 실행 목표: 우리는 10퍼센트의 시장 점유율을 달성할 것이다.
- 학습 목표: 우리는 시장 점유율을 높일 수 있는 방법을 5가지 이상 찾아낼 것이다. 또한 앞으로 3개월 동안 더 높은 시장 점유율을 달성하기 위해 필요한 방법을 찾아낼 것이다.

- 실행 목표: 나는 우리 팀이 10개의 팀 중에서 8위 안에 들게 할 것이다.
- 학습 목표: 내년에는 나의 인사고과 점수를 높이기 위한 다양한 방법을 찾아낼 것이다. 더불어 팀원들에게 긍정적인 자극을 줄 수 있는 방법을 3가지 이상 찾아낼 것이다.

실행 목표는 우리가 이미 그 일을 수행할 능력을 가지고 있을 때 달성될 수 있다. 반면에 학습 목표는 이전과는 다른 새로운 능력을 개발해야만 이룰 수 있다.

실제로 미국의 경제학자 돈 반데발레Don VandeWalle는 1990년대 말에 새로운 상품의 출시를 앞둔 세일즈맨들을 대상으로 연구를 실시한 적이 있다. 그 결과, 실행 목표를 세운 그룹보다 학습 목표를 세운 그룹이 성과가 훨씬 뛰어나다는 사실을 증명했다.

또한 심리학자 아르잔 밴 담Arjan van Dam 역시 학습 목표에 관한 연구를 통해 '자신이 궁극적으로 성취하기를 원하는 것이 무엇인지 스스로 질문하는 것이 중요하다'고 밝힌 바 있다.

여러분의 목표는 성공적인 기업 운영인가 아니면 커리어 개발인가? 이 질문에 답했다면 다시 질문해야 한다. 여러분은 무엇을 배우기 원하는가? 그 일을 실행하기 위해서 어떤 지식을 얻고, 어떤 기술을 개발해야 하는가? 끊임없는 질문을 통해 자신만의 학습 목표를 정해야 한다.

모든 목표는 자신만의 세계를 만든다

목표 설정 연구의 창시자인 심리학자 일레인 엘리엇 Elaine Elliot 과 캐럴 드웨크 Carol Dweck 는 "모든 목표는 스스로의 세계를 만들어내고 구성한다. 목표는 개인으로부터 다양한 생각과 감정을 불러일으키고 다양한 행동을 이끌어낸다"라고 말했다.

실행 목표보다 학습 목표를 설정하는 것이 효과적으로 변화를 일으킬 수 있는 방법이라는 뜻이다.

다음은 연구 결과를 바탕으로 실행 목표와 학습 목표의 중요한 차이점을 정리한 것이다.

- 실행 목표는 다른 사람들에게 우리가 할 수 있는 능력을 보여주고, 우리가 할 수 없는 능력을 감추기 위한 것이다. 반면에 학습 목표는 우리의 능력을 개발하기 위한 것이다.

- 우리는 실행 목표보다 학습 목표를 성취하는 데 더 많은 시간과 노력을 투자한다.

- 학습 목표를 추구할 때 우리는 실수를 후퇴가 아니라 전진하기 위한 배움의 과정으로 받아들인다.

- 학습 목표를 추구할 때 우리는 다른 사람들의 피드백을 소중하게 받아들이고 더 빠른 피드백을 요청한다.

- 학습 목표는 성공이나 실패가 아니라 우리가 하는 일. 관계를 지속하는 것. 삶을 가치 있게 만드는 성장과 발전을 추구한다.

- 리더는 실행 목표가 아닌 학습 목표를 설정함으로써 더 좋은 성과를 얻을 수 있다. 특히 그 목표가 새롭고 복잡한 업무에 관한 것일수록 학습 목표는 긍정적인 결과를 가져온다.

물론 실행 목표가 더 효과적일 때도 있다. '이번 달에는 지난 인사고과 점수를 유지하겠다'처럼 굳이 새로운 무언가를 배우지 않아도, 약간의 노력으로 성과를 올릴 수 있을 때가 그렇다.

하지만 조금 더 열심히 일하는 것으로는 목표를 달성할 수 없을 때나 이전과는 아예 다른 새로운 학습, 혁신적인 발전을 위한 목표를 추구할 때는 학습 목표를 설정하는 것이 더욱 효과적이다.

행동과학자들은 자신이 왜 이 일을 하고 있는지 정확하게 이해할수록 목표와 업무에 더 큰 동기가 부여된다고 주장한다. 명확하게 정의된 '이유'는 목표를 더욱 강력하게 만든다.

특히 자신이 중요하게 생각하는 가치와 연관된 목표일수록 강한 동기를 부여한다. 예를 들면 사회적 약자 보호하기, 지역사회의 환경 가꾸기 등과 같이 자신의 이익을 넘어서 다른 누군가를 위한 숭고한 목표, 즉 '더 높은 차원의 목표'를 생각할 수 있다.

기업의 경우는 더욱 중요하다. 직원들에게 제시하는 목표가 명확할수록 회사가 중요시하는 가치를 공유할 때 동기부여가 된다. 그런 경우 직원들은 소속된 조직에 대한 책임을 지니게 되며, 자신만이 아닌 회사 전체를 위해 일하는 것을 목표로 삼는다.

작가 에런 허스트 Aaron Hurst 는 직원들과 경영자들이 '더 높은 목표', '의미', '이유' 같은 추상적인 개념을 더 실제적이고 행동적인 개념으로 바꾸는 데 도움을 주는 플랫폼을 창시했다. 허스트가 링크드인 LinkedIn 과 함께 40개국을 조사한 결과, 26,000명의 사람들이 자신의 중요한 동인을 일, 즉 돈이나 지위, 목표에 관한 것으로 생각하고 있다는 사실이 밝혀졌다.

참가자들은 모두 목표를 중요하게 여겼다. 37퍼센트의 참가 자들은 목표를 직장에서의 중요한 동인으로 꼽았다. 이 그룹에 속한 사람들은 대체로 자신의 일에서 만족을 느꼈고, 상사에게 더 충실했으며, 더 높은 업무 성취도를 보였다.

변화의 목표가 개인적인 영역이 아닌 '더 높은 차원의 목표' 일 때, 자기 자신과 다른 사람들에게 목표를 명확하게 설명하는 과정이 필요하다.

'더 높은 차원의 목표'의 예로는 회사의 상품과 생산 공정을 더 환경 친화적으로 만드는 일, 사회적 약자의 이익을 위해 지식과 기술을 사용하는 일 또는 개발 도상국가에서 온 노동자들의 더 나은 고용 환경을 위해 노력하는 일 등을 생각할 수 있다.

변화 과정에서 많은 사람들이 자기 자신에게 '왜 이 일을 하고 있는가'라는 질문을 한다. '더 높은 차원의 목표'를 명확하게 정의하면, 그 질문에 대한 명확한 답을 얻을 수 있고, 그 답변은 계속 변화를 추구할 동기를 제공한다.

의도적으로 위기의식을 키워야 한다

지금 당장 해야 한다는 긴박함, 즉 위기의식을 느낄 때 우리는 행동하기 시작한다. 변화 전문가들은 이것을 '불타는 플랫폼burning platform'이라고 한다.

이 용어는 1988년 북해 유전의 한 석유시추선에서 발생한 화재 사고에서 유래되었다. 화재가 발생했을 당시 갑판에서 뛰어내리지 못하고 우물쭈물하던 사람들 중에서는 단 한 명도 살아남지 못했고, 바다에 과감히 뛰어든 사람들 중에서는 일부가 살아남았다.

생존자 중 한 사람인 앤디 모칸Andy Mochan은 한 방송 프로그램에 출연해서 가스 폭발이 일어났을 때 차가운 바닷속으로 뛰어들 수밖에 없었던 위기상황에 대해 설명했다. 산 채로 불에 타 죽거나 30미터 깊이의 어두운 바다에 뛰어드는 것, 둘 중 하나를 선택해야 하는 급박한 순간이었다. 이처럼 커다란 위험을 감수하며 변화를 꾀할 수밖에 없는 상황을 두고 불타는 플랫폼에 비유한다.

위기의식은 어떤 행동을 시작하기 위한 전제조건이 되기도 한다. 사람들은 변화하지 않을 때의 고통이 변화할 때의 고통보다 더 클 때만 행동하기 때문이다.

기업이 변화하려면 경영진이 위기의식을 느끼는 것만으로는 충분하지 않다. 행동을 실행해야 하는 직원들이 개인적으로 위기의식을 느껴야 회사의 위기 상황을 직시하고, 혁신에 대한 필요성을 자각하게 된다. 그리고 이것은 변화를 위한 강력한 동기 부여로 작용한다.

변화에 대해서 생각할 때는 변화가 가져다주는 이익에만 초점을 맞추지 말고 '변화가 일어나지 않으면 어떤 문제가 발생할 것인가?'와 같이 현재 주어진 상황의 불리한 면에 대해서도 주의를 기울여야 한다. 다른 사람들과 함께 변화하기를 원할 때는 그들에게 해결책을 제시하기 전에 문제점이 무엇인지 명확하게 설명할 필요가 있다. 문제점을 먼저 파악한 후에 가능한 해결책을 찾게 하는 것이 좋은 방법이다.

단, 심각한 위기상황에서 상황을 바꿀 가능성이 보이지 않을 때 사람들은 싸우기보다 도망치려고 한다는 점을 항상 경계해야 한다. 위기의식은 커피와도 같다. 커피를 한 잔 마시면 정신이 명료해져서 업무를 잘 처리할 수 있지만, 다섯 잔을 마시면 너무 과민해져서 아무 일도 할 수 없게 된다. 이처럼 위기 수준이 너무 높은 상황은 종종 패닉 상태를 일으킨다.

변화의 이유를 자각해야 한다

지난 몇 년 동안 나는 한 구호 단체에서 자원봉사를 한 적이 있다. 처음 단체를 방문했을 때, 경영자들과 대화를 나누면서 기회가 된다면 나도 이런 기관에서 일해 보고 싶다는 막연한 생각이 들었다. 그러나 현장에 가서 구호를 기다리는 사람들을 만났을 때, 나는 '이 사람들을 위해 내가 할 수 있는 일은 없을까? 이들을 위해 무언가라도 해야 한다'라는 강한 동기를 얻었다. 그때 느꼈던 감정은 아직도 잊을 수가 없다. 만일 난민 캠프나 슬럼가를 방문해 직접 두 눈으로 본다면, 여러분도 나와 똑같은 생각이 들 것이다.

앞에서 소개한 존 코터 교수 역시 위기의식은 자신이 직접 어떤 것을 보고, 경험할 때 일어난다고 말했다. 그는 위기의식이 보고, 느끼고, 변화하는 것이며 기업의 일반적인 접근방식, 즉 분석하고, 생각하고, 변화하는 것보다 더 큰 영향을 미친다고 밝혔다.

분석하거나 생각하는 것이 변화하려는 욕망으로 이어지는 경우보다 개인적으로 실제적인 문제를 보고 느끼는 것이 변화를 만들기 위한 행동으로 이어지는 경우가 더 많다.

언젠가 내가 한 회사의 미팅에 참석했을 때 마침 고객들이 상품을 만드는 회사에 대한 불만을 토로하고 있었다. 사회자가 미팅을 진행하고 있었고 상품 생산자들은 관중석에서 듣기만 했다. 미팅 후 그들은 고객의 이야기를 듣고 큰 충격을 받았고 실제로 변화가 일어나야만 한다는 위기의식을 느꼈다고 답했다.

직장에서나, 학교에서나, 가정에서나 목표가 구체적일수록 성공 가능성은 높아진다. 명확한 목표를 갖기 위해서는 항상 자신에게 질문을 던져야 한다. 지금 내가 해야 할 일이 무엇인가? 지금 당장 해야 할 가장 중요한 일은 무엇인가? 이 상황에서 가장 현명한 선택은 무엇인가?

가장 좋은 방법은 한 번에 한 가지 목표를 정하는 것이다. 만약 목표가 더 많다면, 어떤 목표가 중요하고 덜 중요한지 그 우선순위를 정해야 한다.

금세기 초반에만 해도 여자들은 여러 가지 일을 한 번에 처리하는 멀티태스킹이 가능하지만, 남자들은 불가능하다는 것이 일반적인 상식이었다. 그러나 최근에 실시된 뇌와 행동에 관한 연구에서 남녀 모두가 한 번에 두 가지 이상의 작업에 주의를 분산시키기 어렵다는 사실을 증명했다. 연구자들은 두 가지 일을 동시에 하면 기억력과 집중력이 떨어져 실수를 더 많이 하고, 작업 속도도 늦어진다고 지적했다.

물론 습관적인 행동, 예를 들어 샌드위치를 먹으면서 길을 걸어가도 사고가 나지 않는 것처럼 우리가 무의식적으로나 자동적으로 하는 행동은 가능하다. 하지만 대부분의 경우, 인간의 뇌는 두 가지 일을 동시에 시키면 좌뇌와 우뇌가 따로 움직인다. 복잡한 교차로에서 운전 중에 통화를 하다가 실수로 길을 잘못 드는 경우가 그렇다.

반면에 한 번에 한 가지 목표를 가지고 일하는 것은 많은 장점이 있다. 주디스 올슨Judith Olson과 게리 올슨Gary Olson(두 사람은 부부다)은 한 팀이 한 번에 한 가지 프로젝트만을 진행하는 사무실 공간, 소위 전략 회의실이 있는 여러 회사를 대상으로 실험을 진행한 적이 있다. 그 결과, 일반 사무실에서 근무할 때보다 전략 회의실에서 근무할 때 직원들의 생산성이 두 배나 높아졌고, 프로젝트 하나를 수행하는 데 걸린 시간도 예전보다 3분의 1이나 줄어들었다.

변화는 새로운 목표를 가지고 일하고, 새로운 행동을 습득하는 과정이라는 것을 잊지 말아야 한다. 여러 가지를 동시에 해야 한다는 압박감을 떨쳐버려라. 그리고 한 번에 한 가지 이상을 처리하려고 애쓰지 마라. 연구 결과에서도 밝혀졌듯이, 우리는 한 번에 한 가지 목표에 집중할 때 훨씬 더 뛰어난 성과를 낼 수 있다.

몇 년 전, 나는 연구를 위해 한 통신 회사에 다닌 적이 있었다. 여러 엔지니어들과 함께 시간을 보내는 동안 그들이 일하는 모습을 관찰하고, 도움을 주고받기도 하며 많은 대화를 나눌 수 있었다.

한번은 엔지니어들에게 업무에서 가장 중요한 목표가 무엇인지 물었다. 거의 모두가 '고객의 만족'과 '이익의 극대화'를 꼽았다. 이 두 가지 목표가 서로 상충하지 않느냐고 되묻자, 그들은 웃으면서 "물론이죠, 항상 충돌합니다! 그럴 땐 더 중요한 목표가 무엇인지 생각합니다" 하고 답했다.

실제로 나는 해당 기업의 엔지니어들이 업무에 관해 스스로 중요한 결정을 내릴 때마다 '고객의 만족'을 가장 우선순위에 두는 것을 보았다. 많은 고객들이 만족해했고, 엔지니어들에게 진심으로 고마워했다. 물론 해당 기업의 고객 만족도 역시 매우 높았다.

비슷한 사례로 디즈니를 들 수 있다. 디즈니 파크에 채용된 모든 직원은 본격적으로 일을 시작하기 전에 이틀 동안 집중 훈련을 받아야 한다. 이 훈련 과정을 통해 직원들은 실전에서 일을 할 때 무엇을 우선순위로 두어야 하는지 확실하게 교육받는다. 그들의 우선순위는 다음과 같다.

- 안전

- 공손한 태도

- 공연

- 효율성

디즈니는 업무 내용보다 업무 처리의 명확한 우선순위를 중요시한다. 위의 네 가지 요소는 일을 할 때 선택해야 하는 명확한 우선순위를 제시한다. 이틀간의 훈련을 받고 나면 직원들은 어떤 선택을 해야 하는지 정확하게 이해하게 된다. 예를 들면, 길을 청소하고 있을 때 어린아이가 쓰레기통에 기어 올라가는 것을 보면 즉시 하던 일을 멈추고 그 아이의 안전에 집중해야 한다.

간단하다. '디즈니처럼 하면 된다.' 무언가를 변화시키기 원하고 여러 가지 목표를 추구해야 한다면, 명확하고 분명한 우선순위를 정하고 번호를 매겨라. 이런 방법은 행동을 결정할 때 명확한 선택을 하도록 도와줄 것이다.

삶을
변화시키는
질문 노트
Q

1. 당신이 원하는 목표는 실행 목표인가, 학습 목표인가? 만약 실행
목표라면 이를 학습 목표로 바꾸어 적어보자.

....

....

....

2. 당신의 인생에서 그 목표가 왜 중요한가? 자신이 왜 이토록 그
목표를 이루고 싶은지 구체적인 이유를 적어보자.

....

....

3. 원하는 목표가 두 가지 이상이라면, 자신만의 기준으로 우선순위
를 정해보자.

....

....

CHAPTER 5

단순하고 쉬운 행동으로
성취하는 즐거움을 느껴라

2단 행동 선택하기

변화 심리학의 거인이라고 불리는 아이섹 아젠Icek Arzen은 평소 매우 신중하고 침착한 사람이다. 한번은 그런 그가 나와의 인터뷰에서 솔직하고 거침없이 말하는 모습에 꽤나 놀란 적이 있다.

아젠은 기업과 정부가 왜 늘 변화에 실패하는지 그 이유에 대해 묻자 이렇게 답했다. "조직이 변화를 시도할 때는 어떤 행동을 취해야 하는지 구체적으로 아는 것이 중요합니다. 그런데 조직의 중대한 결정권자들은 변화에 대한 지식이 거의 없거나 이를 사고할 수 있는 비판적인 능력이 부족하죠."

아젠의 말에 따르면, 성공에 필요한 핵심 요소들 중 단 한 가지만 잘못되어도 실패할 확률이 높아진다. 그는 말했다. "변화를 꿈꾼다면, 그 변화를 이루기 위해 어떤 행동을 해야 하는지

부터 정확히 알아야 합니다. 이건 변화의 과정에서 가장 중요하죠. 그러나 놀랍게도 많은 사람들이 이 점에 대해선 전혀 생각하지 않습니다."

아젠은 실제로 겪었던 경험을 통해 행동을 정의해야 하는 필요성을 느꼈다고 했다. 몇 년 전, 그와 연구 팀은 치료 프로그램에 참가할 알코올 중독자들을 모집했다. "우리는 모집공고에 술을 계속 마시면 생길 문제 상황에 대해 강조했습니다. 주로 정신적인 피폐함이나 인간관계의 단절 같은 부정적인 이야기였죠. 그런데 공고를 내자 오히려 전보다 모집자 수가 줄어들었습니다."

아젠과 연구 팀은 모집자 수가 감소한 이유가 무엇인지 검토했고, 이내 그들이 알코올 중독자들의 문제행동에 초점을 맞추고 있었다는 사실을 깨달았다.

"우리가 해야 할 일은 '알코올 중독자들이 치료 프로그램에 등록하도록 유도하는 일'이었어요. 그런데 우리는 엉뚱하게도 그들이 술을 왜 끊어야 하는지 그 이유만 설명했죠."

문제점을 발견한 아젠과 연구 팀은 '이 치료 프로그램에 등록하지 않으면 당신에게 엄청나게 끔찍한 일들이 생길 것이다'라는 문구로 모집공고를 교체했다. 그러자 모집자의 숫자가 급격하게 증가했다.

행동

변화의 사다리

비만 퇴치를 위해 일하는 정책결정자나, 직원들의 더 큰 만족을 위해 노력하는 경영자가 목표를 달성하기 위해서는 행동 변화가 필요하다. 즉, 다른 사람들의 행동을 변화시키려 하기 전에 자신부터 행동을 바꿔야 한다. 그러지 않으면 아무리 뛰어난 '정책'과 '전략'이라도 단지 종이 위의 글자일 뿐이다.

그렇다면 어떻게 해야 행동 변화를 빠르고 쉽게 이끌어낼 수 있을까? 행동 변화의 비결은 효과적인 핵심 행동을 선택하는 데 있다. 목표 지향적이고 현실적이며, 긍정적인 효과까지 가져올 수 있는 핵심 행동을 선택해야 한다.

예를 들어, 우리가 신체적으로 더 건강해지기 원한다면 달리기를 시작하는 것이 핵심 행동이 될 수 있다. 달리기는 특별한 기술이 필요 없고, 어느 곳에서나 할 수 있으며, 건강에 매우 효과적인 운동이다. 뿐만 아니라 다른 사람들과 함께 규칙적으로 달리기를 하면 유대감도 생기고 스트레스도 덜 받는 등 정신적으로도 좋다. 하다못해 달리면서 듣는 뉴스나 음악, 팟캐스트조차도 도움이 된다.

단, 주의할 점은 핵심 행동은 어디까지나 실현 가능한 행동이어야 한다는 것이다. 계속 강조하지만 실제로 자신의 능력으로는 할 수 없는 행동이거나 주어진 상황에서 실행하기 힘든 행동은 절대 핵심 행동이 될 수 없다.

$\bigcirc$
행동 계획과
행동의 동인

또 다른 중요한 요소는 행동 계획이다. 자신의 능력에 맞지 않거나 현재의 환경에서 실행할 수 없는 행동 계획은 동기를 상실하게 하는 요인으로 작용한다.

반면 구체적인 행동 계획은 우리에게 강한 동기를 부여한다. 목표와 마찬가지로 구체적인 행동 계획은 특정한 업무에 대한 우리의 주의와 에너지, 창의력을 집중시킨다.

행동 계획을 세울 때는 행동을 이루는 세 가지 요소, 즉 능력, 동기, 환경을 반드시 고려해야 한다. 행동 계획을 세우기 전에 다음과 같이 세 가지 질문을 스스로에게 던져보자.

- 나는 이 일을 할 능력이 있는가?
- 나는 이 일을 하기 원하는가? (나는 왜 이 일을 하고자 하는가?)
- 나는 지금의 환경에서도 이 일을 성공할 수 있는가?

성공적인 변화를 위해서는 핵심 행동을 잘 선택하고, 행동 계획을 잘 세우는 것이 중요하다. 다음은 연구 결과와 경험을 바탕으로 정리한 핵심 행동을 결정하는 세 가지 효과적인 방법이다.

즐길 수 있는
행동을 선택하라

바라던 목표를 끝내 이루는 사람을 볼 때마다 우리는 '의지력이 참 대단한 사람이군!' 하며 부러워한다.

흔히 한 분야에서 최고의 자리에 오르고, 성공을 거머쥐는 사람들은 강한 인내심과 위기에도 굴하지 않는 결단력을 지녔을 것이라는 고정관념이 있다. 평범한 사람들에게는 없는 탁월하고 비범한 성품이야말로 그들의 성공 비결이라고 생각한다.

그러나 많은 연구 사례의 결과를 보면, 결심을 성공적인 변화로 이끄는 가장 중요한 요인은 결심을 실행하는 데서 느끼는 '즐거움'이다.

즐거움은 실제로 중요한 자극제가 된다. 현재 자신이 하고 있는 일에서 즐거움을 느끼고 경험하는 것은 목표를 성취하는 데 있어서 매우 중요한 요소다. 또한 결심한 내용의 중요성보다 그 결심을 행할 때 주는 즐거움이 훨씬 더 영향력이 크다.

동기부여 전문가 에일렛 피시바흐 Ayelet Fishbach 와 케이틀린 울리 Kaitlin Woolley 가 연구한 사례는 이를 증명한다.

그들은 각 분야에서 지혜롭고, 부유하며, 건강한 사람들을 모아놓고 연구를 실시한 적이 있다. 참가자들에게 어떤 행동을 할

지 말지 결정할 때 가장 중요하게 고려하는 기준이 무엇이냐고 묻자, 대부분이 '장기적인 목표'라고 대답했다. 하지만 관찰 결과는 완전히 달랐다. 참가자들이 가장 중요하게 생각하는 기준은 장기적인 목표가 아니라 행동 자체가 주는 '일시적인 즐거움'이었다.

바버라 프레드릭슨^{Barbara Fredrickson}의 연구에서 알 수 있듯이, 즐거움은 더 큰 긍정적인 영향을 미친다. 일상적인 일에서 부정적인 감정을 경험하면 더 소극적으로 행동하게 되고 따라서 기회를 포착하기 어렵다. 반면에 긍정적인 감정은 긍정적인 효과를 낳는다. 더 많은 시도를 하게 되고 따라서 더 많은 기회를 포착할 수 있다.

이것이 우리가 성장하는 비결이다. 자신이 하는 일을 즐기면 행동의 폭이 넓어지고, 더 많은 사람들을 알게 되고, 일에서도 더 많은 성공을 거두게 된다. 다음은 이 아이디어를 적용하는 두 가지 방법이다.

- 현재 자신이 즐기고 있는 행동을 선택한다.
- 자신이 즐길 수 있는 행동으로 전환할 수 있는 행동을 선택한다.

즐길 수 있는 행동을 찾아라

즐길 수 있는 행동을 찾으면 자신이 무엇을 잘하고, 무엇을 할 때 에너지를 얻는지 알 수 있다. 심리학자들은 이것을 '강점strengths'이라고 한다.

강점을 찾는 일은 간단하다. 일주일 동안 이 두 가지 범위 안에 드는 행동, 즉 자신이 잘할 수 있고 자신에게 에너지를 주는 행동이 무엇인지 찾아서 점수를 매겨보라. 친구들이나 동료들에게 물어보는 것도 좋은 방법이다.

조직 내에서 '강점', 즉 직원들이 잘할 수 있고 에너지를 얻을 수 있는 활동을 찾아내는 방법으로 '긍정탐구Appreciative Inquiry: AI'가 있다. 이것은 경영 연구가인 데이비드 쿠퍼라이더David Cooperrider가 개발한 것으로, 조직의 변화에 적용할 수 있는 이상적인 방법이다. 긍정탐구 방법론은 조직의 문제를 해결하는 데 있어서 조직 내 강점과 긍정적인 측면에 초점을 둔다. 다시 말해, '무엇이 문제인가?'에 집중하기보다는 '조직에서 무엇이 효과적으로 작동하고 있는가?', '언제, 어떤 방식으로 조직 구성원들의 기대가 충족되는가?'에 초점을 둬서 모든 경영자와 직원이 목표를 이루기 위해 반드시 필요한 핵심 행동이 무엇인지를 알고, 그 행동을 강화시키는 방법이다.

수많은 연구 과정에서 내가 발견한 사실은, 기업이 강점과 효율적인 행동을 강조할 때 직원들이 스스로 개인의 행동을 선택하게 하는 것이 효과적이라는 사실이었다. 판매 부서의 경우, 어떤 직원들은 고객을 열정적으로 설득하는 일을 잘했고, 어떤 직원들은 인내심을 가지고 고객들의 의견을 들어주고 조언하는 일을 잘했다. 서로 매우 다른 성향을 가지고 있는 직원들은 다른 직원들의 행동을 쉽게 모방하지 못했다.

결론적으로 관리자는 '모든 상황에 적용되는one size fits all' 최선의 실천 방법에 초점을 맞추기보다는 직원들이 각자 자신의 행동 계획을 세울 수 있게 해야 한다. 효과적인 모든 방법과 행동 사례를 자유롭게 제공하되 그 행동을 실천할 사람에게 선택권을 주어야 한다.

행동을 재미있는 것으로 만들어라

목표를 이루기 위해 필요한 행동을 즐길 수 없다면 그 행동을 재미있는 것으로 만들기 위해 노력해야 한다.

가장 좋은 방법은 행동을 즉각적인 보상으로 연결시키는 것이다. 운동을 하는 동안 즐거운 음악을 듣거나, 마음에 드는 동료들과 함께 일하는 것처럼 말이다.

흥미로운 대안으로 '게임화gamification'를 활용할 수 있다. 몇몇 기업에서는 실제로 업무에 컴퓨터 게임 방식을 적용한다. 좋은 예로 온라인 게임 폴드 잇$^{Fold it}$이 있다.

몇 년 전 미국의 분자생물학자들이 에이즈^{AIDS}와 관련된 복합단백질의 구조를 연구할 때 이 방법을 사용했다. 그들은 이 연구에 인터넷 게임을 삽입하고 참가자들에게 그 게임을 하면서 아이디어를 내도록 권장했다. 참가자들은 인기 있는 온라인 게임을 하는 것처럼 포인트를 얻고 그룹 내에서 아이디어를 교환할 수 있었다.

이 방법은 단 열흘 만에 46,000명의 열성적인 게이머들이 연구원들이 15년 동안 연구했던 문제를 해결하는 엄청난 성과를 가져왔다.

◻   원하는 행동을
                          구체적으로 표현하라

앞서 아이섹 아젠은 변화를 원한다면 목표에 도달하기 위해 어떤 행동이 필요한지 명확하게 정의해야 한다고 강조했다. 그리고 이것이 모든 변화 과정에서 가장 중요한 단계라고 말했다.

그렇다면 여기서 '목표를 달성하기 위해 구체적으로 무엇을 해야 하는가?'라는 질문이 제기된다. 구체적으로 어떤 행동인

가? 자신은 그 행동을 실행할 수 있는가? 다른 사람이 그 행동을 따라할 수 있는가?

행동 과학에서는 이 단계를 흔히 '액션 플래닝action planning'이라고 부른다. 이 변화를 실행하려면 정확하게 '누가, 어떤 행동을, 얼마나 자주, 얼마나 오랫동안, 어디서, 언제, 누구와 함께해야 할까?'처럼 구체적으로 고려해야 한다.

강의와 세미나에서 이 주제를 다룰 때마다 많은 사람들이 이 점을 변화 플랜의 가장 어려운 부분으로 생각했다. 일반적으로 우리는 자신이 원하는 행동을 구체적으로 표현할수록 그 계획이 부담스럽고 강제적으로 느껴지기 때문이다.

모든 사람이 이 과정을 어렵게 생각하는 또 다른 이유는, 처음에는 행동 계획을 단순하고 쉬운 일로 생각하지만, 구체적으로 행동 계획을 표현하면서, 그것이 생각보다 어려운 일임을 깨닫기 때문이다. 이것은 추상적이고 모호한 계획을 확실하고, 구체적이고 일상적인 행동으로 전환하는 중요한 단계다.

예를 들면, '더 이상 낭비를 하지 않는다'라는 목표는 '비용이 20,000달러 이상 발생하는 결정을 할 때는 먼저 두 명 이상의 다른 부서 동료와 상의한다. 전화나 이메일을 통하지 않고 직접 만나서 상의한다'와 같이 구체적인 행동으로 바꾼다.

그리고 '균형 잡힌 건강한 생활을 한다'라는 목표는 '매일 오

후 5시에 책상을 정리하고, 다음 날 해야 할 목록을 미리 만들어 둔다. 퇴근 후 밤 8시 이후로는 스마트폰을 꺼둔 뒤 가족들과 시간을 보낸다'로 바꾼다.

승리와 패배의 차이

스포츠 세계는 목표를 구체적인 행동으로 바꾸지 않으면 결코 승리할 수 없다는 것을 증명하는 사례들로 가득하다. 한마디로, 승리와 패배의 차이가 구체적인 행동 계획에 달려 있다고 해도 과언이 아니다.

몇 년 전 네덜란드의 정상급 육상 선수 다프너 스히퍼르스 Dafne Schippers와 코치들은 100미터 달리기에서 더 높은 기록을 내기로 결심했다. 그녀의 경기를 본 영상 분석가들은 첫 스타트에서 다리를 높게 들어 올리는 스히퍼르스의 동작을 지적했다. 그것은 그녀가 다른 선수들보다 더 늦게 땅을 터치한다는 것을 의미했다.

그 결과 그녀는 다른 선수들보다 조금 늦게 최고 속력에 도달했다. 100미터 경기에서는 처음 스타트가 승패의 중요한 원인이 되기도 한다. 이 문제는 스히퍼르스의 훈련 프로그램에서 가장 중요한 부분이었다.

목표를 행동으로 바꾸는 일은 어렵지만 그로 인한 이득은 엄청나다. 존 노크로스 John Norcross 의 연구는 목표를 구체적인 행동으로 바꿔서 표현할 때 목표를 성취할 가능성이 10배 이상 증가한다는 것을 증명했다.

행동을 확실하게 정의하라

앞에서 소개한 사례들은 한 개인으로서 실행할 수 있는 변화에 관한 것이다. 그러나 조직과 집단의 행동을 변화시키기 위해서는 상호 영향력이 있는 행동 네트워크를 활용해야 한다.

앞서 2장에서 살펴본 손 씻기의 예를 다시 생각해보자. 병원에서는 관리자, 의사, 간호사, 행정직원 같은 다양한 그룹의 사람들이 일한다. 그들은 모두 손 씻기를 권장하는 데 있어서 자신의 역할을 해야 한다. 관리자들은 손 씻기 쉬운 환경을 만들어야하고, 의사와 간호사들은 손을 씻어야 하며, 행정직원들은 물비누 디스펜서를 항상 채워야 한다.

이런 상황에서 지속적인 개선이 이루어지게 하려면 다음과같이 여러 사람들이 구체적인 행동을 실천해야 한다.

- 관리자들은 매주 위생 담당자와 함께 직원들이 언제, 얼마나 자주 손을 씻는지(혹은 씻지 않는지) 관찰한다. 특히 직원들의 작업 환경이 손 씻기에 적합한지 비누 디스펜서의 접근성과 사용 가능성을 점

검한다.

- 의사와 간호사들은 다음과 같은 규칙에 따른다. 동료가 손을 씻지 않는 것(대부분 아무 생각 없이)을 볼 때마다 즉시 동료에게 그 행동을 지적한다. 팀 리더들은 직원이 손을 씻지 않을 때 동료들의 주의를 끄는 방법으로 좋은 예시를 보인다.

- 관리팀은 비어 있는 디스펜서가 발견되면 항상 5분 이내에 채운다.

실행 계획을 세워라

행동을 실천하는 효과적인 방법은 실행 계획Implementation intention을 세우는 것이다. 이 용어는 피터 골위처Peter Gollwitzer도 사용했다. 그는 어떤 행동을 실행할 방법과 상황을 미리 규정할 때 그 행동을 실행할 가능성이 크게 증가한다고 말했다.

- 일반적인 행동 계획: 동료들과 친해지기 위해 노력할 것이다.
- 실행 계획: 만일(If) 화장실에서 동료와 마주치면(then), 내가 모르는 사람이라도 반갑게 인사하며 말을 걸어볼 것이다.

골위처의 연구는 두 번째 계획이 우리가 원하는 행동을 실제로 실행할 가능성을 2~3배 증가시킨다는 것을 보여준다. 실행 계획을 '조건 선언if-then statements' 또는 '조건 계획if-then intentions'이라고도 한다.

우리는 조건 선언을 함으로써 어떤 일을 실제적으로 실행할 수 있으며 구체적인 행동을 가시적인 환경 요소와 연결시킬 수 있다.

이런 방법을 사용하면 실행 의도를 자신에게 상기시키지 않아도 된다. 상황이나 환경이 그 행동을 실행할 수 있도록 도와주기 때문이다. ('환경'이 행동의 동인으로 작용한다.)

조건 계획을 기존의 습관과 연결시키는 것도 효과적인 방법이다. 예를 들어 운동을 더 많이 하고 싶다면 화장실에 갈 때 꼭 대기 층에 있는 화장실까지 계단을 걸어서 올라가는 방법을 선택할 수 있다.

이와 관련된 연구 결과를 보면, 실행 계획은 이전의 오랜 패턴을 버리고 새로운 계획을 실행하기 쉽게 하고 행동 변화를 지속하는 데 도움을 준다는 사실을 알 수 있다.

좋은 습관으로 만들어라

마지막으로 한 가지 포인트를 더 강조하고 싶다. 가능하면 짧은 기간 내에만 실행하는 행동이 아니라 장기적으로 지속할 수 있는 행동을 계획하라. 좋은 습관은 일회적인 계획보다 장기적인 효과를 가져온다.

습관은 강과 같다. 강은 계속 흘러서 결국 전체 경치를 바꿔 놓는다. 마찬가지로 습관은 우리의 삶, 조직, 사회를 형성한다. 효과적인 새로운 습관들은 가장 성공적이고 지속적인 변화의 비결이다.

☿ 최대한 '단순하게' 시작해라

좋은 선생님은 학생들에게 성공의 경험이 얼마나 중요한지 알고 있다. 그래서 처음 숙제를 내줄 때 학생들이 쉽게 할 수 있는 숙제를 선택한다. 학생들이 실행할 수 있는 쉬운 단계는 흥미를 잃게 만드는 어려운 단계보다 학습에 대한 동기부여 효과가 높기 때문이다.

여기서 우리가 얻을 수 있는 교훈은 변화를 향한 여정의 첫 번째 걸음은 가능한 한 간단해야 한다는 것이다. 아기 걸음마 수준으로 계획하라. 중요한 것은 시작하는 일이다.

우리는 변화를 위해 특정한 행동을 실행하려는 계획을 세웠거나 다른 사람으로부터 특정한 행동을 보여달라는 과제를 받게 되면, '나에게 그것을 수행할 능력이 있는가?'라는 질문을 하게 된다. 이때 중요한 것은 자신이 그 과제를 성공적으로 해결하여 목표를 이룰 수 있다는 신념이나 기대감, 즉 '문제없어. 나는 그 일을 충분히 할 수 있어'라는 마음가짐이다. 심리학자들은 이것을 '자기 효능감 self-efficiency' 또는 '지각된 역량 self-perceived competence'이라고 한다.

목표를 이룰 수 있는 전략은 거울 속 자신을 보며 '그래 넌 할 수 있어!'라고 다짐하는 일이 아니다. 경험을 통해 '난 그 일을 할 수 있어'라고 확신하는 행동을 선택하는 것이다. 첫걸음을 '그건 정말 쉬운 일이야'라고 생각할 수 있는 행동으로 시작해야 한다.

예를 들면, '체력을 기르기 위해 매주 10킬로미터를 달리겠다'라는 실행하기 어려운 계획이 아니라, '매주 토요일 아침에 알람이 울리자마자 운동복을 입겠다'라는 계획을 세우는 것이다. 다시 침대로 기어 들어간다고 해도 운동복을 입는 일만으로도 달리기 기어는 작동하기 시작한다.

그 결심 뒤에는 운동복을 입고 침대에 누워 있으면 '잠깐 달리기를 하러 나가는 게 좋겠어'라고 생각하게 될 거라는 기대가 깔려 있다.

실제로 원하는 행동을 향해 한 걸음 한 걸음 노력하는 일을 심리학자들은 '형성 shaping'이라고 한다.

더 쉽게 실행하기 위해 처음에는 작은 걸음으로 실험해 보는 것도 좋은 방법이다. 예를 들면, '내일부터 한 시간 일찍 일어나 겠다'라는 행동을 '내일부터는 평소보다 알람을 5분 일찍 설정 해놓겠다'라는 행동으로 바꾸는 것이다. 일주일 동안 그 방법이 효과가 있는지 시도해보고 필요하면 계획을 더 쉽고 간단하게 바꾸면 된다.

이런 방법으로는 큰 변화를 만들 수 없다고 생각할 수도 있다. 다시 강조하지만 이것은 변화를 시작하는 방법이다. 중요한 것은 시작하는 것이다. 일단 시작하고 나서 한 단계씩 행동을 확장시키면 된다.

삶을
변화시키는
질문 노트
Q

1. 당신이 세운 목표를 이루기 위한 핵심 행동은 무엇인가?

....

....

....

2. 당신이 세운 행동 계획은 무엇인가? 행동 계획을 세웠다면 이번
에는 실행 계획으로 좀 더 명확하게 바꿔보자.

....

....

....

3. 실행 계획을 지금 바로 실천할 수 있을 만큼 더 쉽고 간단하게 바
꿔보자.

....

....

CHAPTER 6

행동 지원 방법을
최소 3가지 이상 찾아라

3단 지지대 점검하기

2002년에 기업가 마이클 블룸버그^{Michael Bloomberg} 가 뉴욕 시장
이 되었을 때 그가 처음 시행한 일 중 하나는 불펜^{Bullpen} 을 설치
하는 것이었다. 그는 기존 시장실을 사용하지 않고, 시 공무원
51명과 같은 사무실에서 근무했다. 블룸버그의 자리는 사무실
정중앙에 자리 잡았으며, 그가 쓰는 책상 역시 직원들이 쓰는
책상과 크기와 모양이 같았다.

블룸버그의 불펜은 벽이 없어서 직원들끼리 의견을 직접 보
고받을 수 있었고, 시장이 중앙에 앉아 있어 상황을 실시간으로
파악할 수 있었다.

이러한 새로운 접근방식-190년 동안 이어진 폐쇄적인 사무
실의 전통을 무너뜨린-은 블룸버그가 기업가 시절 자신이 근무

했던 사무실의 구조와 환경을 적용한 것이었다. 당시 그의 회사는 창립자부터 임원진, 직원들까지 같은 사무실에서 일했으며 낮은 칸막이 사이로 모두가 자유롭게 의견을 주고받을 수 있었다.

작업 환경만을 재설계했을 뿐인데도 조직원들의 행동을 변화시킬 수 있다는 사실을 경험한 그는 뉴욕 시장이 되어서도 이 방식을 그대로 도입한 것이다. 실제로 블룸버그는 불펜을 도입함으로써 더 투명하고 상호협조적인 작업 환경을 조성할 수 있었다.

블룸버그에게 주목해야 할 또 다른 중요한 성과는 뉴욕 시민의 흡연량을 감소시킨 것이다. 그는 뉴욕 시민들의 흡연 습관을 지속적으로 관찰·조사하고, 담배에 부과되는 세금을 대폭 인상했으며 사무실이나 카페, 식당에서의 흡연을 금지했다. 나중에는 공원을 포함한 옥외에서의 흡연도 불법으로 규정했다.

블룸버그의 금연 정책으로 인해 실제로 그가 시장으로 재임했던 12년 동안 뉴욕시의 흡연자 비율은 22퍼센트에서 14퍼센트로 감소했다. 뿐만 아니라 건강에 대한 시민들의 의식이 제고되었고, 이로 인해 많은 행동 변화를 일으켰다는 점에서 그의 정책은 성공적이라는 평가를 받으며 전 세계로부터 인정받았다.

블룸버그가 시장으로서 조직적이고 탁월한 능력을 발휘한 사례는 우리에게 중요한 점을 시사한다. 바로 그가 변화를 위해 명확한 목표를 설정하고, 그 목표를 성취하기 위해 필요한 행동을 모색했으며, 원하는 행동을 촉발하기 위한 과학적인 방법을 찾아냈다는 사실이다.

지지대가 중요한 이유

앞서 나는 목표와 행동을 신중하게 결정하고 설정해야 우리가 그 행동을 실행에 옮길 가능성이 높아진다고 강조한 바 있다. 이번에 소개할 사다리의 세 번째 부분, 즉 지지대는 '행동'을 지속적으로 실행하기 위한 지원 방법에 해당한다.

기존의 행동을 새로운 행동으로 대체하여 변화에 성공하려면 많은 노력이 필요하다. 단지 다이어리에 계획을 적거나, 책상 앞에 포스트잇을 붙여 놓거나, 의욕을 돋우는 명사의 연설을 보고 듣는 것 같은 방법만으로는 단기적인 효과밖에 가져오지 못한다. 그래서 우리는 새로운 행동이 지속되어 습관으로 굳어질 때까지, 그리하여 원하는 변화를 이끌어낼 때까지 꾸준히 행

변화의 사다리

동을 뒷받침해줄 지지대가 필요하다.

　뿐만 아니라 이미 언급했듯이 변화는 상실과 패배를 회피하려는 성향, 현재의 바람직하지 않은 행동을 계속하게 만드는 모든 환경적인 요소와의 질긴 싸움과도 같다. 이에 지지대는 우리가 이런 요소들과 싸워 이길 수 있도록 도와준다. 자신을 방해하는 환경을 바꾸는 것, 새로운 행동을 지속하기 힘든 고비의 순간에 대비하는 것, 자신의 행동을 꾸준히 점검하는 것과 같이 지지대는 변화라는 전쟁터에서 우리가 사용할 수 있는 가장 강력한 무기가 되어준다.

　다만 한 가지 일러두고 싶은 점이 있다. 기왕이면 블룸버그처럼 물리적인 환경을 변화시킬 수 있는 방법을 모색하라. 지지대가 될 수 있는 방법은 여러 가지다. 그중에 많은 사람들이 가장 먼저 떠올리는 방법은 바로 친구나 직장 동료, 배우자 등 주변 사람에게 조언이나 피드백을 부탁하는 일이다. 물론 간단하면서도 효과적인 방법이다. 그러나 이런 방법은 상대가 부탁을 들어주어야만 실행이 가능하다는 약점이 있다. 불확실한 방법은 변화의 과정을 가로막는 의외의 장애물로 작용할 수 있으므로 가능하면 다른 사람들의 노력에 의존하지 않는 지원 방법을 찾아보는 편이 좋다.

지원 방법과 행동의 동인

행동을 이루는 세 가지 동인을 다시 떠올려보자. 2장에서 우리는 능력(내가 할 수 있는 행동인가?), 동기(내가 하고 싶은 행동인가?), 환경(지금의 환경에서도 실행이 가능한 행동인가?)에 대해 하나씩 살펴보았다. 앞으로 설명할 지원 방법은 이 세 가지 요소에 영향을 주면서 행동 변화를 이끌어내는 방법들이다.

우선 능력, 즉 물리적인 지원과 심리적인 지원을 통해 원하는 행동을 지원하는 방법이 있다. 예를 들어 컴퓨터를 이용해 온라인 교육 프로그램을 듣는 일은 물리적인 지원에 해당한다. 반면 젊은 직원이 나이 많은 동료에게 온라인 교육 프로그램을 이용하는 방법에 대해서 가르쳐주는 일은 심리적인 지원이다.

다음으로 동기부여를 통해 행동을 지원하는 방법도 있다. 자신에게 상을 주거나 물질적인 보상을 하는 등 동기를 자극하여 원하는 행동을 지속할 수 있도록 도와주는 방법을 시도하라.

마지막으로 환경을 통해 행동을 지원하는 방법에는 크게 물리적인 환경과 사회적인 환경으로 나뉜다. 먼저 물리적인 환경을 조정하는 방법에는 작업 현장에 '리마인더'를 설치하는 일을 예로 들 수 있다. 실제로 네덜란드 슈퍼마켓 브랜드 윱보에는 '고객과의 7가지 확실한 약속'이라는 내용이 담긴 포스터가 계산대는 물론 상점 곳곳에 붙어 있다. 윱보가 고객에게 하는 중요한 약속을 직원들이 항상 상기하며 실천할 수 있도록 돕는 것이다.

사회적인 환경을 조정하는 방법도 있다. 친한 친구들이나 직장 동료, 배우자에게 자신의 계획을 공유하고 조언과 도움을 구하는 것이다. 이 방법은 우리가 행동을 지속하기 어려운 상황에 처했거나 지키기 힘든 순간이 올 때마다 계획을 포기하지 않고 계속 노력할 수 있도록 돕는 데 특히나 유용하다.

능력, 동기, 환경 세 가지 요소가 행동을 결정짓는 데 서로 영향을 주고받는 것처럼, 지원 방법 역시 그렇다. 예를 들어 작업 현장에서 온라인 교육 프로그램을 받는 일은 우리의 능력을 변화시킬 뿐만 아니라 주변 동료들의 학습 욕구를 자극시키는 등 사회적인 환경을 변화시키고 동기를 부여할 수 있다.

또, 다이어트를 위해 뛰어난 트레이너를 만난다 하더라도 성격이 맞지 않아 갈등이 일어날 경우 트레이너는 우리의 능력에는 플러스 요인이 되지만, 동기부여에는 마이너스 요인이 될 수 있다.

이렇듯 우리가 생각해낼 수 있는 다양한 지원 방법들 중에서도 가장 효과적인 방법을 선택하려면 어떻게 해야 할까? 행동을 선택할 때처럼, 지원 방법 역시 아래와 같은 질문을 통해 자신이 행동을 실행하는 데 있어 가장 중요한 장애물이 무엇인지를 판단해야 한다.

- 능력이 부족한가? 새로운 기술을 개발해야 하는가?
- 동기가 부족한가? 충분한 동기부여가 필요한가?
- 환경이 원하는 행동을 할 수 있는 기회를 제공하지 않는가?

여기서 명심해야 할 점은 지원 방법은 가능하면 세 가지 이상을 이용하라는 것이다. 한 가지 지원 방법만으로는 충분하지 않다. 한 가지 목표에 한 가지 행동 그리고 적어도 세 가지 지원 방법을 사용하는 것이 좋다.

그렇다면 다음에는 행동 변화를 위한 효과적인 지원 방법에는 무엇이 있는지 알아보자.

¤   행동을 '쉽게' 할 수 있는
                                  환경을 만들어라

우리는 행동이 주로 직접적인 환경에 의해 결정된다는 사실을 과소평가하는 경향이 있다. 하지만 새로운 행동을 시작하기를 바란다면 그 행동을 쉽게 실행할 수 있는 환경을 만드는 것이 무엇보다 중요하다. 여기서 핵심은 '쉽게'다.

행동경제학자 리처드 탈러는 이것을 다음과 같이 표현했다. "어떤 도움도 없이 자신이 아침 7시에 일어날 수 있다고 믿는 사람은 없습니다. 그래서 우리는 매일 알람시계를 맞춰 놓지요. 다른 계획을 실행할 때도 이런 식의 도움이 필요합니다."

탈러와 그의 많은 동료들은 우리를 원하는 방향으로 움직이게 하는 환경적인 자극, 즉 '넛지nudge'를 강조한다.

탈러는 자신도 간단하고 실용적인 방법을 선호한다고 말한다. "내가 좋아하는 넛지 중 하나는 '오른쪽을 보시오look right'라는 표지판입니다. 이 표지판은 내가 이층버스에 치일 뻔한 사고를 몇 번이나 막아주었거든요."

물리적인 환경과 사회적인 환경

행동과학자들은 우리가 활동하는 물리적인 환경과 사회적인 환경을 구분한다. 다음은 변화를 실행하는 데 도움이 되는, 물리적인 환경을 이용하는 몇 가지 예다.

- 사탕을 덜 먹으려면 집에 사탕이나 과자를 두지 말아야 한다. 또는 사탕이나 과자를 가져오기 힘든 장소에 두거나 꺼내기 힘든 방법으로 보관해야 한다.
- 몇 주 전에 미리 자신이 방해받지 않고 차분하게 일할 수 있는 시간을 정해둔다.

다음은 사회적인 환경을 이용하는 방법의 예다.

- 구성원들로 하여금 중요한 결정에 대해 자주 논의하게 하려면 그들의 물리적인 거리를 가능한 한 가깝게 만들어야 한다.

- 운동을 더 자주 하려면 혼자 하기보다 몇몇 친구들과 정기적으로 함께 운동하기로 약속하라. 특정한 스포츠를 자신보다 조금 더 잘하는 친구와 함께하면 더 도움이 된다.
- 리더십을 기르려면 회사의 다른 관리자들과 함께 개인 대 개인 코칭 그룹을 만드는 것도 좋은 방법이다. 매주 월요일 함께 조식을 하면서 다음 주에 각자가 리더십에서 개선하기 원하는 점을 서로 공유하라. 매주 목요일 출근할 때 1분 동안 전화 회의를 통해 그 주에 진행된 상황을 공유하라.

요약하면, 우리를 둘러싼 직접적인 환경을 자신이 원하는 행동을 하기 쉬운 환경으로 만들어야 한다는 말이다. 환경을 바꾸는 일은 개인의 행동 변화를 넘어서 다른 사람의 행동을 변화시킬 때도 매우 중요한 역할을 한다.

추진력을 높이지 말고 저항력을 줄여라

노벨상을 수상한 심리학자 대니얼 카너먼Daniel Kahneman 은 최근 그가 심리학에서 '가장 좋은 아이디어'라고 주장하는 개념, 즉 추진력과 저항력에 대해 설명했다. 개념을 처음 창안한 사람은 유명한 심리 연구가인 쿠르트 레빈Kurt Lewin 이다.

레빈은 자신이 원하는 행동이 실행되는가의 여부는 주로 두 가지 원인에 의해 결정된다고 주장했다. 바로 추진력과 저항력이다. 이 두 가지 요인은 물리적인 환경과 사회적인 환경에서 모두 중요한 역할을 한다. 레빈의 말에 따르면, 우리가 실행하는 행동은 이 두 가지 요인이 균형 상태를 이룰 때 가능하다.

예를 들어 당신이 일주일에 세 번 달리기를 하기로 결심했다고 하자. 그런 경우 건강해지는 방법으로 달리기를 추천하는 정보는 환경적인 추진력이 될 수 있다. 반대로 할 일이 너무 많은 상황은 저항력으로 작용할 수 있다.

카너먼은 레빈의 개념에 대해 이렇게 말했다. "레빈은 우리가 자신의 행동이 변화하길 바랄 때 흔히 간과하기 쉽지만, 반드시 필요한 방법을 알려줍니다. 바로 추진력을 높이는 게 아니라 저항력을 줄여야 한다는 사실이죠."

만일 달리기를 하려고 결심했다면, 건강한 달리기 방법에 대해서 아는 것보다 산더미같이 쌓인 할 일을 줄이는 것이 더욱 효과적이라는 뜻이다.

우리는 흔히 새로운 행동을 시작할 때 자기 자신 혹은 함께하는 다른 사람들에게 심리적인 압박을 가함으로써 일의 추진력을 높이고자 한다. 조직 내 변화를 시도하려고 직원들에게 앞으로 일어날 시장의 위험성에 대해 프레젠테이션을 하는 경영자들의 행동이 여기에 해당한다.

하지만 레빈의 말에 따르면 이것은 잘못된 방법이다. 오히려 저항력을 증가시키는 결과를 가져오기 때문이다.

레빈-그리고 카너먼-은 리더가 회사, 조직, 집단의 변화를 계획할 때는 스스로에게 먼저 '왜 직원들이 아직 행동하지 않는가?', '어떻게 하면 직원들이 행동을 하게 만들 수 있는가?'에 대해서 물어야 한다고 말한다. 한 발 더 나아가 카너먼은 "리더라면 자신에게 '내가 바라는 행동을 직원들이 더 쉽게 할 수 있는 방법은 무엇인가? 그 방법을 위해 내가 할 수 있는 일은 무엇인가?' 하고 끊임없이 질문해야 합니다" 하고 주장한다. 직원들의 행동을 변화시키기 위해 리더가 할 수 있는 방법은 대부분의 경우 물리적인 환경이나 사회적인 환경의 장애물을 제거해주는 일이다.

리더들이 반드시 고려해야 할 것들

기업의 많은 리더들이 직원들에게 이전과 다른 새로운 행동을 실행할 것을 요구한다. 그러나 직원들은 실제로 행동을 실행할 수 있는 기회를 좀처럼 갖지 못한다. 그들의 환경에 많은 저항력이 있는데도 리더들이 그런 요소들을 발견해내지 못하기 때문이다.

한 가지 예를 들어보자. 한 대형 로펌의 파트너변호사가 직원들에게 "가끔씩 '실수로부터 배우는 시간'을 가지자"고 제안했다. 이것은 직원들에게나 회사의 문화를 위해서나 매우 좋은 제안이었다.

그러나 이 제안에는 여러 가지 함정이 숨어 있다. 첫째, 직원들에게 원하는 행동이 훨씬 더 명확하게 표현되어야 한다. '가끔'이란 말은 얼마나 자주 하자는 뜻인가? 누구와 함께 논의할 것인가? 정확하게 어떤 방법으로 할 것인가? 그 시간이 단지 잡담이나 모의를 위한 시간이 아니라 유익한 결과물로 이어지게 하려면 어떻게 해야 하는가?

뿐만 아니라 직원들이 근무 시간 내에 정해진 기존 업무를 처리하는 데만 해도 시간이 부족한 환경이라면 그것도 문제다. 아무리 적절한 목표를 세우고 명확한 행동을 계획해도 작업 환경에 장애물이 있을 때는 그 행동과 목표가 실제로 실행될 수 없기 때문이다.

이런 상황에서 리더가 할 수 있는 최소한의 조치 중 하나는 업무 시간 내에 '하루 10분 피드백 시간'을 따로 확보해주는 것이다. 이 활동에 시간을 투자한 직원에게는 적절한 보상을 제공하는 것도 방법이 될 수 있다. 중요한 것은 직원들이 원하는 행동을 쉽게 실행할 수 있는 환경을 만들어주는 일이다.

모든 변화는 실행하는 과정에서 어려운 순간에 부딪히기 마련이다. 자신의 변화가 실패할 위기의 순간, 새로운 행동을 지속하기 힘든 순간, 일시적으로나 영구적으로 이전의 습관으로 돌아갈 위험에 처한 중대한 고비를 경영학에서는 '진실의 순간moments of truth'이라고 부른다.

진실의 순간에 대한 준비는 어려운 순간들이 다가올 것을 인정하고 그런 상황에서도 변화를 계속 실행할 수 있는 방법을 생각하는 것이다. 이것을 학문적인 용어로 '장벽 인식barrier identification'과 '문제 해결problem solving'이라고 한다.

일반적으로 규모가 큰 호텔과 레스토랑 등에서 직원들을 교육할 때 이 방법을 사용한다. 가령, 고객이 친절한 태도로 대할 때 서비스를 제공하는 것은 어려운 일이 아니다. 그러나 불쾌한 행동을 하는 고객에게도 정중하게 대하고 친절한 도움을 주는 일은 결코 쉽지 않다. 이럴 경우 직원들은 자신도 모르게 고객을 비난하기 쉽고, 상황이 더욱 악화된다. 다시 말해, 직원들은 고객과의 갈등 상황이 와도 순간적인 감정과 행동을 억제하고 차분한 태도로 해결 방법을 찾아야 한다. 실제로 스타벅스나 메리어트호텔 등에서는 불친절한 고객을 대하는 방법을 직원들에게 정기적으로 훈련시킨다.

내가 만난 수많은 사람들에게 변화를 시도하는 과정에서 언제가 가장 고비일 것 같으냐고 물으면 대부분이 '짜증이 나거나 스트레스 받는 상황이 왔을 때'라고 말한다. 그러면서도 정작 스스로 그런 상황을 어떻게 해결하고 돌파할 것인지에 대해선 생각하려고 하지 않는다. 대부분이 "그때 가서 생각해보겠다"라고 답할 뿐이다.

그러나 진실의 순간이 다가왔을 때, 그에 대한 준비가 되어 있지 않다면 우리는 이전 습관으로 돌아가기 쉽다.

방어적인 행동을 하는 이유

기업이 변화를 시도하는 과정에서 리더는 어떻게 행동해야 하는가에 관해서는 이미 많은 연구가 이루어졌다. 연구 결과 대부분의 리더가 자신이 무엇을 해야 하는지 잘 알지만, 스트레스가 많은 상황에서는 자신의 행동을 제어하지 못한다는 사실이 드러났다.

예를 들어, 팀원들과 함께 팀의 변화 계획에 대해 발표하는 회의를 가진다고 하자. 여러분은 팀장으로서 어떻게 행동해야 하는지 잘 알고 있다. 자신은 되도록 말을 아끼되 팀원들에게 질문을 많이 하고, 팀원들 이야기를 관심 있게 들어주며, 그들이 비판적인 의견을 내거나 부정적인 감정을 표출해도 차분하게 받아들이는 행동이 바람직하다는 것을 인지하고 있다.

하지만 실제 상황에서는 어떨까? 미팅이 어느 정도 진행되었을 때 평소 별로 좋아하지 않던 팀원이 일어나 여러분이 변화를 위해 추진하려는 계획이 팀을 위한 것이 아니라 그저 임원진들에게 자신의 능력을 과시하기 위한 이벤트성 프로젝트에 불과하다고 비난한다면?

아마 대부분이 그 순간을 참지 못하고 중간 관리자로서 지니는 고충이나 입장에 대해 설명을 늘어놓기 시작할 것이다. 결국 무거운 분위기에서 회의는 끝이 나고 여러분은 뒤늦게 순간적인 감정을 참지 못한 자신의 행동에 대해 몹시 후회할 것이다.

경영 연구가 크리스 아지리스^{Chris Argyris}는 이런 행동을 '방어적 루틴^{defensive routine}'이라고 부른다. 당면한 상황의 압박감이 우리를 방어적인 태도로 행동하게 만든다는 것이다. 우리의 자동적인 반응은 지금 당장 자신의 고통과 패배를 피하는 것이다. 그리고 그런 반응은 장기적으로 우리가 성취하기 원하는 변화 과정을 약화시킨다.

예상할 수 없는 장애물이 닥쳐온다면

변화는 새로운 일을 실행하는 것이기 때문에 종종 예상하지 못했던 장애물, 즉 예상하지 못했던 진실의 순간들을 만나게 된다. 그러므로 '조건 계획if-then plan', 즉 'X가 발생하면 나는 Y를 할 것이다'라는 공식에 따라 여러 가지 상황을 미리 예측해보고 이에 맞게 대비할 계획을 세워야 한다.

미처 계획이 없는 상태에서 진실의 순간에 부딪혔다면 즉각적으로 반응하지 말자. 잠시 호흡을 가다듬고, 차분하게 1부터 10까지 세면서 '나의 목표가 무엇인지'를 상기해보자. 때로는 잠시 쉬면서 자신의 목표를 되돌아보는 것이 완벽한 '조건 계획'을 세우는 일보다 더욱 효과적인 경우도 있다.

○

자신의 행동을 늘 감시하라

변화를 시도할 때 가장 간단하고 효과적인 방법 중 하나는 행동의 자기 감시다. 예를 들어, 자신이 한 행동을 하루에 적어도 한 번은 떠올려보고 기록하는 것이다.

기록을 할 때는 자신이 이루어낸 성과, 즉 아웃풋이나 결과물이 아니라 자신이 실제로 한 행동, 즉 인풋과 투자한 노력을 중심으로 기록하라.

행동을 기록하면 자신이 올바른 방향으로 나아가고 있는지, 행동을 수정할 필요가 있는지, 더 작은 행동으로 나누어서 계획해야 하는지를 파악할 수 있다.

그 밖에도 자신의 행동을 감시하는 방법은 다양하다. 목록을 작성하거나, 다이어리에 기입하거나, 컴퓨터 스프레드시트, 스마트폰 앱을 사용하여 '나는 오늘 내가 계획했던 일을 실행했는가?'에 대한 답을 적어보자.

조금은 특별한 자기 감시도 있다. 자신이 한 행동을 기록하는 것이 아니라 매일 '나는 오늘 나의 계획을 실천하기 위해 최선을 다했는가?'라는 질문을 기준으로 점수를 매기는 방법이다.

이것은 계획을 계속 진행시키기 위해 오늘 자신이 어떤 노력을 했는가에 초점을 맞춘다. 이런 방법을 활용하면 처음에 변화가 순조롭게 이루어지지 않는 경우에도 자신이 올바른 방향으로 나아가고 있다는 것을 확인할 수 있고, 중간에 포기하지 않도록 스스로 동기를 강화시킬 수 있다.

발전하고 있다는 기쁨의 중요성

자기 감시는 동기부여 효과를 가지고 있다. 오늘 자신이 원하는 행동을 실행하지 않았다는 것을 자각하면 내일은 그 행동을 실천해야겠다는 경계심을 갖게 된다. 그리고 오늘 실행한 일을 기록할 때 작은 성취감을 느낄 수 있다. 발전하고 있다는 기쁨을 느끼고 '오늘 참 잘했어'라고 스스로를 칭찬해줄 수 있다.

몇 년 전 나는 하버드 경영대의 테레사 에이머빌 Teresa Amabile 을 인터뷰할 기회가 있었다. 그녀의 말에 따르면 발전은 우리에게 가장 강력한 동기를 부여하는 요소다. 에이머빌은 목표를 향한 발전을 '작은 승리 small wins'라고 부른다. 자기 감시는 이러한 발전을 경험하게 한다.

이런 관점에서 리더들은 자기 자신과 직원들의 발전을 독려해야 할 특별한 책임을 가지고 있다. 리더는 매일 두 가지 리스트를 점검해야 한다. 자신의 행동을 점검할 뿐 아니라 직원들이 발전하고 있는지 검토해야 한다. 더불어 직원들이 원하는 행동을 실천하는 데 있어서 혼란 요소와 장애물, 방해 요소를 제거해야 한다.

정기적으로 변화를 줘라

나는 원하는 행동을 습관으로 만들기 위해 행동 변화 목록을 기록해왔다. 매일 아침마다 해야 할 일을 업데이트하고, 전날 나의 행동을 되짚어보며 잘한 점과 못한 점을 기록한다. 또, 이와 같은 방법으로 다음 날을 미리 계획한다.

이 과정에서 내가 반드시 지키는 규칙 하나는 '일관된 자기 감시 방법'이다. 매번 똑같은 방법을 쓰다 보면 시간이 흘러 지겨워지기 마련인데, 이를 절대 허용하면 안 된다. 예를 들어, 스마트폰 앱을 사용하여 행동을 기록했다면 도중에 종이에 기록하는 방식으로 바꿔선 안 된다는 말이다. 반대의 경우도 마찬가지다. 자기 감시 방법은 처음에 정한 방식대로 꾸준히 지속해야 효과적이라는 사실을 기억하자.

지금까지 지원 방법에 관한 모든 팁을 소개했다. 다음 장에서는 사다리를 실제로 적용하는 방법의 다양한 예를 소개한다.

1. 당신이 원하는 행동은 '쉬운' 행동인가? 만약 아니라면 실천하기
쉬운 환경을 어떻게 만들 수 있을지 생각해보자.

....

....

2. 당신이 원하는 행동을 실천하지 못했을 때, 어떻게 대처할 것인
가? 스트레스를 받는 여러 가지 상황을 예상해보고, 그에 맞는 대응
책을 적어보자.

....

....

3. 당신이 원하는 행동을 점검할 수 있는 방법에는 무엇이 있을까?
다양한 방법을 떠올려보고, 하루에 한 번 이상은 기록하자.

....

....

CHAPTER 7

매번 포기하는 사람에서
결국 이기는 사람으로

변화의 사다리 실전 활용법

나는 예전에 은행에서 잠시 일할 기회가 있었다. 그곳에서의 경험을 통해 많은 배움을 얻었지만, 가장 확실하게 깨달았던 한 가지는 '유능한 기업가일수록 단순한 경영 전략을 사용한다'라는 것이다.

　은행에서 근무하는 동안 나는 주요 기관에서 일하는 유명한 컨설턴트들을 만났다. 그들이 개발한 전략은 대개 파워포인트 슬라이드 분량이 300장이 넘을 정도로 복잡하고 상세했다. 마지막에는 무려 1,100쪽 분량에 해당하는 '추가 사항' 파일이 첨부되어 있었다. 당시 나를 포함한 많은 사람들이 그 방대한 전략에 압도당했다. 그러나 수많은 페이지에 적힌 제안 중에서 실제로 실행된 전략은 하나도 없었다.

사다리를 적용하는 일은 전혀 복잡하지 않다. 다음과 같이 단두 가지 원리만 기억하면 된다.

첫째, '위에서 아래로' 변화를 계획하라. 자신이 바라는 목표를 구체적으로 명시하고, 그 목표를 핵심 행동으로 바꿔서 표현한 다음 지원 방법을 선택하라.

이 과정을 시도하는 데 있어서 이 책의 부록을 활용하면 좋다. 부록에 수록된 체크리스트에는 여러분이 목표, 행동, 지원 방법을 계획하고 설계하는 데 있어 각 단계마다 도움이 되는 방법들이 적혀 있다.

그런 다음에는 행동을 실행하라. 그 행동이 실제로 이루어지는지 확인하기 위해 '아래에서 위로' 시도하라. 지원 방법이 적절한지 확인하고, 자신이 원하는 행동을 시도하고, 목표를 향해 일하라. 물론 중간에 진행 상황을 검토하고 필요하면 수정해야 한다.

앞서 우리는 자신이 세운 목표를 기반으로 행동과 지원 방법을 계획하는 방법에 대해 살펴보았다. 내가 다시 한번 강조하고 싶은 것은 '체계적인 방식'으로 변화하라는 점이다. 사다리의 기본 모델을 따르되 부록에 소개된 다양한 방법들을 참고해보자. 이 외에도 자신의 경험이나 주변 지인의 조언, 배경지식 등을 활용해 새로운 아이디어를 생각해봐도 좋다. 다음은 여러분이 아이디어를 떠올릴 때 참고하면 좋을 팁들이다.

목표를 선택할 때

개인적인 삶에서의 목표를 세울 때는 스스로에게 매력적이지 않은, 즉 원하지 않는 목표를 억지로 선택할 필요는 없다. 사다리를 내려가는 과정은 자신이 그 일을 정말로 하고 싶은지를 시험하는 일과도 같다. 다시 말해 자신의 행동을 분석하거나 지원 방법을 계획하고 싶지 않다면, 그 목표는 자신에게 별로 중요하지 않다는 신호로 받아들여야 한다.

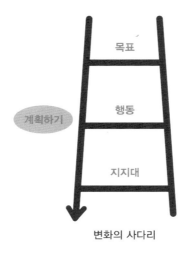

변화의 사다리

행동을 선택할 때

자신이 할 수 있는 다양한 행동들을 구체적으로 분석하라. 예를 들어, 과거에 자신이 가장 잘한 행동 또는 다른 사람들이 가장 잘했다고 평가했던 행동이 무엇인지 떠올려보자. 그런 다음 그 중에서 자신이 원하는 행동을 선택하라. 나아가 선택한 그 행동을 꾸준히 지속했을 경우, 원하는 목표를 달성할 수 있는지 검토하자.

지원 방법을 선택할 때

지원 방법은 가능한 한 다양하게, 창의적으로 구성하라. 행동 변화에 관한 많은 문제들은 체계적인 방법으로 접근할 수 있지만, 환경을 변화시키는 것 같은 지원 방법을 구성할 때는 아이디어가 필요하다. 부록에 소개된 방법들을 활용하거나 다른 사람들은 어떤 방법을 사용하는지 살펴보는 등 다양한 아이디어를 생각해보라.

○

아래에서 위로
시도하라

목표, 행동, 지원 방법을 포함한 계획을 세웠다면, 이번에는 그 계획을 실제로 시도해보자. 계획을 시도하는 과정에서 반드시 참고해야 할 중요한 팁들을 소개한다.

변화는 학습하는 과정이다

변화를 시도하는 과정은 단지 '계획대로 잘하고 있어'라는 태도로 자신의 능력을 증명하는 일이 아니다. 충분히 실행 가능한 행동을 통해 처음 세웠던 목표에 더욱 가까워지는 방법을 찾는 일이 기준이 되어야 한다.

변화를 향한 여정은 끊임없이 '경험의 사이클'을 도는 것과

변화의 사다리

같다. 변화를 실행하기 위한 작은 아이디어를 가지고 출발했고, 그것이 제대로 작동하고 있는지를 확인하는 과정을 통해 변화를 이루는 데 있어서 어떤 방법이 효과적인지를 계속 실험하고 있는 셈이다.

변화에도 규칙이 필요하다

변화가 제대로 이뤄지고 있는지 평가하는 단계에서 참고하면 좋을 방법을 소개하겠다. 먼저, 평가하는 시간을 미리 정하라. 어떤 행동을 실행하기 전에, 그 행동이 얼마나 잘 지켜졌는지 평가할 정확한 날짜를 설정해두는 것이다. 여기서 얻은 실행 결과를 토대로 자신이 선택한 방법을 계속 시도할 것인지 말 것인지를 결정하면 좋다.

두 번째로 평가하기 전에 평가할 범위를 정하라. 어느 정도의 결과에 만족할 것인지, 좋고 나쁨을 평가하기 위한 자신만의 기준을 정해두면 좋다.

만약 평가 결과가 나쁘다면 지원 방법을 먼저 검토해볼 필요가 있다. 행동을 실행하고 있지만 목표에 전혀 가까워지지 않고 있다면, 자신이 적절한 행동을 선택했는지 점검해야 한다.

Ⅸ

업무 스트레스 줄이기

많은 사람들이 직장에서 스트레스를 받으면서 끊임없이 급한 업무를 처리하기에 급급하다. 이 문제를 해결하는 데 사다리를 어떻게 적용할 수 있을까?

목표

먼저 목표가 무엇인지 알아야 한다. 같은 분량의 업무를 더 현명하고 빠르게 처리하기를 원하는가? 아니면 업무의 양을 줄이기를 원하는가? 처리해야 하는 일과 많은 에너지가 필요한 일, 그리고 자신이 원하는 일과 자신에게 에너지를 주는 일 사이에 적당한 균형을 맞추기를 원하는가?

- 학습 목표: 앞으로 3개월 동안 내가 처리해야 하는 일과 내가 즐기는 일의 균형을 맞추기 위해 다양한 방법을 시도할 것이다.
- 이유: 나는 나 자신과 다른 사람들을 위해서 즐겁고, 유익하고, 멋진 일을 계속할 수 있기를 원한다.

행동

자신의 현재 상황을 비판적으로 검토해보라. 주변 동료들에게 물어보는 것도 좋은 방법이다. 목표와 관계없는 업무라도 일단 맡고 보는 성향이 있다거나, 능력을 벗어난 일도 기꺼이 처리하려는 업무 스타일을 지닌 것은 아닌지 객관적으로 판단해보자. 만약 그렇다면 업무를 거절하는 방법을 배워야 모든 일을 더 효과적으로 처리할 수 있을 것이다.

- 핵심 행동: 누군가 업무를 요청해오면 그 일이 우선순위에 부합하는지 확인하라. 그렇지 않을 때는 친절하지만 단호한 말로 거절하라.

지원 방법

보다 유용한 방법을 찾으려면 부록에 있는 체크리스트를 참고하라. 그 중에서도 내가 권하는 방법은 다음 네 가지다.

- 책상 위에 개인적인 업무의 우선순위 목록을 비치한다. 그 목록을 보면서 계획을 상기하고 업무 요청을 수용할 것이지 거절할 것인지 결정한다.
- 다섯 가지 진실의 순간을 미리 예상해본다. 계획을 지속하기 어려운 순간에 업무를 거절할 수 있는 여러 가지 방법을 생각하고 그 방법을 실제로 사용한다.
- 동료들의 지원을 받는다. 동료들에게 매주 월요일마다 변화 계획이 어떻게 진행되고 있는지 확인해달라고 부탁한다.
- 매일 스마트폰으로 계획이 성공적으로 실행되고 있는지 점검한다.

영감을 주는
리더십 개발하기

많은 리더들은 팀원들이 성장하고 영감을 얻는 데 긍정적인 도움을 주기 원한다. 이러한 목적을 달성하는 데 사다리를 어떻게 적용할 수 있을까? 몇 가지 아이디어를 소개한다.

목표

리더십을 개발하고 싶은 구체적인 이유가 무엇인가? 자신의 커리어를 성장시키기 원하는가? 팀원들이 더 헌신적으로 일하기를 원하는가? 더 많은 혁신과 창의성을 원하는가?

- 학습 목표: 나는 올해 팀원들의 창의성을 고취할 수 있는 다양한 방법을 찾을 것이다.
- 이유: 한 기업으로서 치열한 경쟁에서 이기고 지속적인 성과를 올리기 위해서는 모든 팀원들의 아이디어가 필요하다.

행동

영감을 주는 리더십 훈련 프로그램에 등록하라. 특히 직원들의 심리적 안정감을 주요한 주제로 다루는 교육을 받는 게 좋다. 팀원들이 불편한 감정을 느끼지 않으면서 자유롭게 이야기하고 행동으로 옮길 수 있는 분위기를 조성하는 것이 중요하다.

- 핵심 행동: 미팅 시간에 모든 안건을 질문으로 시작한다. 모든 직원들에게 동일하게 발언할 수 있는 시간을 주고 그들의 발언에 공감을

표현한다.

지원 방법

부록에 소개된 방법들 중에서 자신의 성격에 적합한 방법을 선택하자. 그중에서도 내가 권하는 방법은 다음 네 가지다.

- 미팅 때 팀원들에게 그 일을 하려는 이유를 설명하고 팀원들의 협조와 지지를 요청한다.
- 미팅 때 사용하는 파일에 다음과 같은 메모가 적힌 포스트잇을 붙여놓는다
  1) 질문으로 대화를 시작한다.
  2) 모든 직원들에게 동일한 발언 시간을 준다.
  3) 직원들의 발언에 대해 공감을 표시한다.
- 오랫동안 함께 일한 직원에게 미팅이 끝날 때마다 피드백을 해줄 것을 요청한다. 고쳐야 할 점과 잘한 점을 위주로 부탁한다.
- 변화 로그북을 만들어 사용한다. 매일 행동 계획을 실행했는지 꾸준히 기록한다.

많은 사람들이 너무 많이 먹고 너무 적게 운동한다. 그리고 휴식을 위한 충분한 시간을 갖지 않는다. 불규칙적인 라이프스타일을 개선하는 데 사다리를 어떻게 적용할 수 있는가? 다음 몇 가지 방법을 제안한다.

목표

먼저 목표가 무엇인지 구체적으로 명시하라. 체중을 줄이기 원하는가? 마라톤 대회에 참가하기 원하는가? 아니면 더 건강해지기를 원하는가?

- 학습 목표: 내년에 나는 단계적으로 건강한 라이프스타일을 개발하기 위해 매일같이 내 라이프스타일에 점수를 매기겠다. 1년 동안 10점 만점에 평균 7점을 얻겠다.
- 이유: 최근 삶의 모토를 '나이는 선택할 수 없지만, 어떻게 나이 들지는 선택할 수 있다'라고 정했기 때문이다.

행동

의사나 전문가에게 조언을 구한다. 필요하면 건강과 관련된 신문기사나 잡지, 뉴스 등을 통해 정보를 수집한다. 그런 다음, 아래와 같이 세 가지 사항을 단계적으로 실행한다.

- 핵심 행동 1: 건강한 수면 습관을 위해 노력한다. 매일 밤 같은 시각에 잠자리에 들고 스마트폰을 끄고 편하게 읽을 수 있는 책을 몇 페이지 읽는다.
- 핵심 행동 2: 행동 1을 실행한 지 두 달 후에 가벼운 운동을 시작한다. 매일 저녁 식사 후 20분 동안 산책을 한다. 나중 단계에서는 더 오래 걷는다.
- 핵심 행동 3: 행동 2를 실행한 지 두 달 후 의사의 간단한 팁을 활용해 식사 습관을 바꾼다. 저녁을 먹기 한 시간 전에 얼마나 많은 양을 먹을 것인지 결정한다.

지원 방법

부록에 소개된 방법들을 참고하여 다음과 같이 네 가지 방법을 선택한다.

- 숙면을 돕기 위해 새 베개를 구입한다. 편한 기능성 워킹화를 구입

한다.

- 매일 새로운 습관들을 되새기고 계획을 실천하고 있는지 점검하기 위해 스마트폰 앱을 설치해 기록한다.

- 미리 계획을 지속하기 어려운 순간들의 목록을 작성한다. 그리고 이 순간들에 부딪혔을 때 계획을 계속 실행할 수 있는 방법을 미리 생각한다.

- 매주 금요일 저녁에 마음이 통하는 친구와 전화로 10분 동안 대화를 나눈다. 지난주에 한 일들을 반성하고 다음 주를 계획한다.

변화의 사다리와 개인적인 리더십

세상은 너무나 빠른 속도로 변화하고 있다. 학교를 졸업할 때 가지고 있었던 지식과 기술로는 은퇴할 때까지 성공적으로 일할 수 없다. 그러므로 우리는 끊임없이 발전해야 한다. 사다리 모델을 자신의 삶과 직업에 적용하려면 개인적인 리더십, 개인의 발전을 위한 계획을 세우고 추진하는 방법에 초점을 맞춰야 한다.

다음은 개인적인 변화와 발전을 위해 사다리 모델을 활용할 때 주의해야 할 점이다.

사고 과정을 비판적으로 관찰하라

앞서 언급했듯이 우리의 뇌는 편리함을 선호한다. 새로운 행동을 시작할 때 익숙하고 편한 것을 좋아하는 뇌의 성향을 이용하면 그 행동을 더욱 쉽게 유도할 수 있다.

그러나 반대로 편하고 쉬운 것을 좋아하는 성향은 우리가 변화를 계획하고 실행하는 데 있어서 장애물이 될 수도 있다는 사실을 기억하자.

우리는 모두 익숙하고 쉬운 목표와 행동 방식을 좋아한다. 그렇기 때문에 변화의 과정에서 '나는 지금 가장 효과적인 방법을 선택하고 있는가?'와 같이 자신에게 끊임없이 비판적인 질문을 던져야 한다.

다양한 옵션을 고려하라

목표, 행동, 지원 방법을 정할 때는 시간을 갖고 천천히, 최대한 다양한 옵션을 고려해야 한다. 어떤 방법을 선택하면 좋을지 자신의 계획을 여러 사람들과 논의해보고, 다양한 상황에서의 아이디어를 떠올려보자.

또한 자신이 선택한 방법이 정말 최선인지, 다른 효율적인 방법은 없는지 스스로에게 꾸준히 질문해야 한다. 자신의 계획에 논리적 오류는 없는지, 혹시 간과하고 있는 점은 없는지 등 다른 사람들에게 반대 의견을 물어보고, 자신의 계획을 비판적으로 검토해달라는 부탁을 해도 좋다.

확신이 생길 때까지 기다리지 말라

좋은 계획을 세우는 일은 중요하다. 하지만 계획 세우기에 지나치게 많은 시간을 투자할 필요는 없다. 일단 계획을 세웠다면 곧바로 실행 단계를 시작하라.

흔히 많은 사람들이 어떤 일을 시작하기 전에 모든 계획이 완벽해야지만 성공할 수 있다고 생각한다. 그러나 우리가 결심한 일이 정말로 성공할지 확신이 들게 만드는 계획이란 없다. 확실한 건, 변화를 꿈꾸고 자신이 세운 목표와 행동, 효과적인 지원 방법을 배우고 발견하는 과정을 통해서 우리는 개인적인 성장과 발전을 이룰 수 있다는 사실뿐이다.

기업의 경우 고객 중심 경영이나 스마트한 업무 혁신, 새로운 경영 아이디어 도입 등 조직 변화에 있어서 저마다 다양한 형태로 이루어진다. 목표, 행동, 지지대 3단계로 구성된 단순한 사다리 모델은 크고 작은 기업의 변화에도 충분히 적용할 수 있다.

조직 변화라는 큰 과제를 앞둔 리더라면 사다리 모델을 통해 좀 더 체계적으로 변화를 계획할 수 있다. 다음은 조직 변화에서 사다리를 활용할 때 주의해야 할 점이다.

누구와 함께할지 결정하고 무엇을 할 것인지 선택하라

다른 사람들과 함께 변화를 시도할 때는 그들과 함께 사다리의 모든 단계를 밟아나가야 한다. 이때 리더는 자신이 추구하는 변화를 명확하게 정의하는 것이 필수다. 직원들이 생각해낸 아이디어를 가지고 무엇을 할 것인지 최대한 명확하게 전달하는 일이 중요하다. 명확한 범주―예를 들면, 재정 분야―를 규정하고 이 범주에 들어가는 모든 아이디어에 대해 논의하라.

또한 모든 과정을 투명하게 공개하고, 변화에 참여할 사람들과 함께 변화의 내용에 대해 논의하자. 모든 사람에게 발언할 시간을 주는 것이 불가능하다면, 동료들에게 신뢰를 받는 사람을 선정해서 그들에게만이라도 발언할 기회를 제공해야 한다.

혼자가 아닌 다른 사람들과 변화를 시도할 때는 계획을 세우는 일이 무척 번거롭게 느껴질 것이다. 때에 따라서는 혼자서 계획을 세우기는 편이 훨씬 빠를 것이라고 생각할 수도 있다. 그러나 실제로 변화를 실행할 때는 오히려 시간을 낭비하는 결과를 가져온다.

모든 사람과 함께 배워라

몇 년 전, 나는 워크숍에서 한 기업의 경영자와 대화를 나눌 기회가 있었다. 그는 내게 이렇게 말했다. "요즘 고민거리가 하나 있습니다. 우리 회사는 현재 네 부서에서 파일럿 프로젝트를 운영하고 있는데 문제는 그 프로젝트에 너무 많은 돈과 시간이 투자된다는 겁니다. 이제 슬슬 다른 부서에도 파일럿 프로젝트를 적용해야 하는데 계속 진행해도 될지 망설여지네요."

나는 그에게 돈과 시간이 들더라도 반드시 진행하라고 조언했다. 조직에서 변화를 시도할 때 기억해야 할 점은, 사람들은 대부분 자신이 기여한 계획에 더 만족한다는 사실이다. 또한 다른 사람들과 함께 계획을 세우고 행동을 실행하며, 점검하고 수정하는 과정은 리더 자신은 물론 팀원들에게도 배움의 기회를 제공한다는 점에서 매우 효과적인 방법이다.

개인에게 맞춤 지원을 하라

많은 리더들이 흔히 저지르는 실수가 있다. 사람은 본래 저마다 다른 성향을 지니고 있는데 리더들은 모든 팀원을 같은 방식으로 대하려고 한다는 점이다. 뿐만 아니라 팀원들이 자신과 같은 목표를 추구하길 바라고, 자신과 같은 행동을 할 것을 요구하며, 같은 방식으로 그들을 지원한다.

나는 연구를 통해 이런 방법이 전혀 효과가 없다는 사실을 확인했다. 그렇다면 리더는 어떻게 팀원들을 지원할 수 있을까? 다음은 개인에게 맞춤 지원을 제공하는 세 가지 방법이다.

- 직원들과 함께 개인적인 목표를 구체적으로 정한다.
- 직원들이 변화 기간에 자신의 행동을 선택할 수 있게 한다. 직원들에게는 다음과 같은 행동을 물어본다.

  1) 긍정적인 경험을 한 행동

  2) 회사뿐 아니라 자신에게도 긍정적인 결과를 가져올 수 있는 행동

  3) 다른 중요한 업무와 경쟁하지 않는 행동

- 관리자로서 각각의 팀원들에게 제공할 수 있는 맞춤형 지원 방법이 무엇인지 생각해본다.

변화의 사다리와
사회적인 변화

사회적인 변화에는 이산화탄소 배출 감소, 담배와 알코올 사용 감소 등등의 주제가 해당된다. 크고 복잡한 문제들이지만 공통점은 행동 변화가 핵심이라는 것이다.

정책 수립자들과 기업 임원들에게 적용되는 사다리 모델 또한 사회적인 목표로부터 시작해서 원하는 행동, 지원 방법의 순서로 적용된다.

다음은 사다리를 사회적인 문제에 적용할 때 주의해야 할 점이다.

처음에는 작은 규모로 실험하라

정부는 다양한 방법으로 시민들이 원하는 행동을 지원할 수 있다. 예를 들면, 관련 법률 제정이나 재정적인 지원, 소통 창구 개설, 공공장소 설치를 통해서 지원하는 방법이 있다.

시민들에게 새로운 방법을 실행하기 전에는 소규모로 모의실험해보는 것이 좋다. 보조금과 위원회 설치 같은 규모가 큰 실험이 아니라 작은 실험을 먼저 시도하는 것이다. 기업은 회원들을 대상으로 다양한 상품을 소개할 수 있고, 정부는 시민 체험단에게 효과적인 정책을 먼저 시행하고 확인할 수 있다.

기업은 직원들을 대상으로 작은 시뮬레이션을 실시할 수 있고, 학교는 학생들을 대상으로 교육 방식을 시험해볼 수 있다. 많은 돈과 노력을 투자하기 전에 예상 타깃층의 행동을 예측하기 위한 가정이 옳은지 시험하면 실패의 위험을 줄일 수 있다.

패배의 영향을 고려하라

대니얼 카너먼과 나눈 인터뷰에서 그는 정책 결정자들이나 기업 경영자들이 시행하는 모든 정책과 방안은 승자와 패자를 만들어낸다고 말했다. 그는 패배에 대한 두려움에서 비롯된 동기부여가 승리에 대한 희망에서 비롯된 동기부여보다 크기 때문에 패자가 승자보다 성공하기 위해 더 열심히 싸운다고 말했다.

카너먼은 이어서 이렇게 설명했다. "이러한 불균형은 큰 규모의 변화가 일어나는 것을 어렵게 만듭니다. 그리고 정책 수립자들이 예상하는 것보다 더 많은 비용과 시간을 필요로 하지요. 어떤 방식으로든 패자들에게 보상을 해야 하기 때문입니다."

이에 내가 내린 결론은 '패배에 대한 회피'의 영향력을 고려하지 않는 정책수립자들과 기업가들은 가장 큰 패자가 될 위험에 직면하게 된다는 것이다.

열린 마음으로 포용하라

앞서 잠깐 넛지에 대해 언급한 바 있다. 사회적 약자를 보호하고, 다수가 더 바람직한 선택을 하도록 자연스럽게 유도한다는 점에서 넛지는 정부가 자주 사용하는 방법이다. 가령 시민들이 세금을 더 빨리 납부하도록 한다던가, 돈을 덜 빌리게 하기 위해 넛지 방법을 쓴다.

물론 모두가 이런 방법에 만족하는 것은 아니다. 넛지가 잠재의식적인 매커니즘을 이용해 자신을 조종한다고 생각해서 거부반응을 보이는 사람들도 있다. 정부와 정책 수립자들은 이들까지 포용할 수 있어야 한다. 슈퍼마켓에 가면 눈높이에 진열된 상품에 더 먼저 손이 가기 마련이다. 그러나 정부는 슈퍼마켓이 아니다. 사회적인 변화를 성공적으로 이끌어내기 위해서 대중에게 구체적인 목표와 실행 방법을 반드시 설명해야 하는 이유다.

삶을
변화시키는
질문 노트
Q

1. 당신이 원하는 목표를 이루기 위해 실천해야 하는 행동과 지원
방법들은 무엇인가? (계획을 세울 때는 사다리 위에서 아래로 계획
해야 한다는 걸 명심하자.)

....

....

2. 1번에서 세운 계획이 제대로 실행되었는가? 만약 실패했다면 다
시 처음으로 돌아가 어느 단계에서 잘못되었는지 점검해보자.

....

....

3. 당신은 계속 꿈만 꾸며 살 것인가, 꿈을 현실로 바꾸며 살 것인
가? 변화를 향한 첫걸음은 힘들지만 그 작은 걸음 하나에서 인생의
반전이 시작된다.

....

....

나오며

우리에게 필요한 건
단 20초의 시작할 용기

마지막으로 나의 개인적인 이야기를 하려고 한다.

지난 여름에 막내딸 버니스가 고등학교에 진학했다. 입학식 날, 버니스를 비롯한 많은 학생들이 어색한 표정으로 서성거리고 있었다. 딸아이가 잘 적응할 수 있을지 내심 걱정하던 찰나, 갑자기 버니스가 몇 미터 떨어진 곳에 있는 한 여학생을 향해 걸어갔다. 그러더니 그 아이와 함께 이야기를 나누며 교실로 들어갔다. 새 학교에 아는 친구가 한 명이라도 있다는 게 정말 다행스럽게 느껴졌다.

그러나 몇 시간 후, 하굣길에 다시 만났을 때 버니스는 그 여학생을 처음 봤다고 말했다. "그럼 모른 애한테 무작정 다가간 거야? 우리 딸, 꽤 대담한데?"라는 나의 말에 버니스는 이렇게 대답했다. "그냥 개가 마음에 들었어요. 마침 아빠랑 봤던 영화도 생각났고요."

얼마 전에 우리는 맷 데이먼^{Matt Damon}이 출연한 영화 〈우리는 동물원을 샀다^{We Bought a Zoo}〉를 봤었다. 영화에서 맷 데이먼은 동물원을 사면서 아들에게 이렇게 말했다. "때로는 미친 척하고 20초만 용기를 내보렴. 진짜 딱 20초만 창피해도 용기를 내는 거야. 그러면 장담하는데 멋진 일이 생길 거다."

딸아이는 이 말이 무척이나 인상 깊었던 것 같다. 물론 나 역시도 진한 울림을 느꼈던 대목이었다.

여러분도 숨을 깊이 들이쉬고, 딱 20초만 용기를 내보길 바란다. 꿈을 현실로 이루기 위해 필요한 것은 야심찬 목표나 빈틈없는 계획 따위가 아니라 지금 바로 시작할 용기다. 이 20초가 새 학교에서의 기분 좋은 첫날을 만들어주듯이, 앞으로 펼쳐질 여러분의 인생에도 놀라운 변화를 가져다줄 것이라고 믿는다.

누구나 실전에 적용 가능한
행동 변화 체크리스트 82

이 체크리스트는 행동 변화에 대한 과학적인 연구 결과에 기초한 것으로, 책에서 소개하는 '변화의 사다리'의 원리에 따라 구성되었다. 목표를 구체적으로 설정하는 방법, 목표를 이루기 위한 행동을 선택하고 작게 나누는 방법, 행동을 지속적으로 실천하도록 지원해주는 방법들이다. 또한 변화를 계획하고 시도하는 방법에 대한 팁들도 있다.

이 체크리스트는 개인적인 행동 변화뿐만 아니라 크고 작은 조직의 변화에도 적용할 수 있으며, 변화에 성공할 수 있는 가능성을 높여줄 것이다.

1. 목표 설정하기

사다리의 윗단은 목표다. 계획된 변화는 목표, 즉 우리가 바라는 새로운 상황이나 결과를 가지고 있다. 이 단계에서는 크게 목표를 선택하기 위한 준비, 목표 생각해내기, 원하는 목표를 선택하고 정의하는 방법들을 다룬다.

목표 설정을 위한 체크 포인트는 다음과 같다.

목표 선택을 위한 준비 ···

☐ 자신이 중요하게 생각하고, 성취할 수 있다고 확신하는 목표를 정한다.

조직의 경우, 리더는 팀원들이 자신의 목표를 스스로 선택하고 정하도록 유도한다.

☐ 목표를 선정하는 과정에서 다른 사람들을 참여시킨다. 그들에게 목표를 공유하고 피드백을 받으면, 다양한 의견을 모을 수 있어 결과적으로 더 현명한 결정을 할 수 있다.

☐ 목표 설정에 관한 아이디어를 얻을 수 있는 연구, 즉 현재 상황에서 효율적인 목표에 대한 아이디어를 제시하는 연구 결과를 찾아보고 활용한다.

☐ 과거에 했던 좋은 경험들을 참고한다. 현재의 상황과 비슷한 과거 상황에서 유용했던 목표를 선택한다. 과거에 잘 실행되었던 한 가지 목표나 여러 가지 목표를 떠올려보자.

새로운 목표 생각해내기 ···

☐ 자신이 하고 있는 일이나 개인적인 삶에서 성취하기 위해 노력하고 있는 목표를 구체적으로 정의하고, 그 목표가 실제로 이루어지고 있는지 확인한다. 단, 지난해에 자신에게 동기를 부여하지 못했던 목표를 다시

선택하는 실수는 피하자.

☐ 성취의 관점이 아니라 발전의 관점에서 목표를 설정한다. 성취 목표를 피하고 학습 목표를 선택한다.

☐ 자신의 이익을 넘어서는 '더 높은 차원의 목표'를 생각해낸다. 꿈과 이상, 신념 등과 같은 더 높은 차원의 목표가 왜 자신에게 중요한지 그 이유를 알면, 목표에 대한 동기부여가 더욱 강해진다.

☐ 현재 당신에게 중요한 기회나 위험, 문제가 무엇인지 자신에게 질문한다. 지금 당장 바뀌어야 하는 확실한 이유가 무엇인가?

☐ 이 목표를 향해 지금 노력하지 않으면 후회할 것인지 자신에게 물어본다. 미래에 예상되는 후회에 대해 미리 생각하면 목표를 성취하려는 동기가 강해진다.

☐ 야심과 실천 가능성 사이에서 적당한 균형을 지닌 목표를 세워라. 원대하고 야심찬 목표라도 실천 가능성이 높을 때, 동기부여가 강해진다.

☐ 가능한 목표를 목록으로 만들어 보고 다음 세 가지 범주를 기준으로 선택한다.

- 꿈이나 이상에 다가가게 하는 '더 높은 차원의 목표'인가?

- 실제로 성취할 수 있는 목표인가?

- 긍정적인 부수 효과를 가져올 수 있는 목표인가?

☐ 명확하게 정의된 한 가지 목표를 선택한다. 한 가지 목표를 성취하는 것도 충분히 복잡한 과정이다.

☐ 목표를 방해하는 다른 목표가 있는지 확인한다. 목표가 서로 다른 방향을 향하고 있거나 시간, 에너지, 돈 같은 제한된 자원이 사용될 경우, 경쟁 목표를 제거한다.

☐ 두 가지 이상의 목표가 있을 때는 명확한 우선순위 목록을 만들어 목표의 중요한 순서를 정한다.

☐ 자신이 세운 목표가 행동의 세 가지 동인과 연관되어 있는지 확인하기 위해 다음과 같은 질문을 해본다.

- 나는 이 목표를 달성할 수 있는 지식과 능력을 가지고 있는가?(능력)

- 나는 정말 이 목표를 이루길 원하는가?(동기)

- 이 목표를 달성할 수 있는 기회가 충분한가?(환경)

☐ 목표를 명확하고, 구체적이고, 시각화하여 표현한다. 성공하면 어떤 결과가 나타날 것인가? 그 목표를 성취했을 때 지금 하고 있는 일을 다른 방식으로 더 잘할 수 있을 것인가?

☐ 선택한 목표가 자신에게 왜 중요한지 적는다. 그 목표를 향해 노력하는 동안 경험할 수 있는 부가적인 흥미로운 일들을 적는다.

☐ 가능하면 직접 사람들을 만나서 자신이 선택한 목표를 공유한다. 이 방법은 스스로에게 목표를 달성하려는 동기를 부여할 수 있다.

2. 행동 선택하기

사다리의 가운데 단은 행동이다. 새롭고 더 좋은 결과를 얻으려면, 새롭고 더 좋은 행동이 필요하다. 이 단계에서는 크게 행동을 선택하기 위한 준비, 행동 생각해내기, 원하는 행동을 선택하고 정의하는 방법들을 다룬다.

행동 정의를 위한 체크 포인트는 다음과 같다.

행동 선택을 위한 준비 ···

☐ 자신의 능력, 동기, 환경에 맞게 행동을 선택한다. 조직의 경우, 리더는 팀원들이 각자 스스로 설정한 목표에 맞는 행동을 선택하고 정하도록

유도한다.

□ 행동을 선택하는 과정에서 혼자 결정하지 않고 다른 사람들을 참여시
킨다. 다양한 의견은 더 좋은 결과를 가져올 수 있다.

□ 자신에게 영감을 줄 수 있고, 자신의 목표에 다가가게 하는 효과적인
행동을 제시하는 연구 결과를 찾아보고 활용한다.

□ 좋은 경험, 즉 비슷한 상황에서 자신이나 다른 사람들에게 유용하다고
증명된 행동을 찾아본다.

새로운 행동 생각해내기

□ 자신이 현재 상황에서 목표를 위해 어떤 행동을 실천하고 있는지 확인
한다. 단, '할 수 있었는데 못한 행동'이 아니라 '반드시 실행한 행동'만
포함한다. 필요한 경우, 주변 사람들에게 자신이 실제로 한 행동이 맞
는지 확인을 부탁해도 좋다.

□ 자신의 장점을 파악한다. 자신이 잘하는 일(능력)과 자신에게 에너지를

주는 일(동기)은 무엇인가? 장점을 기반으로 원하는 행동을 선택할 때, 변화의 성공 가능성이 높아진다.

☐ 자신이 원하는 행동을 긍정적인 말로 표현한다. 예를 들어 '나는 X(행동)를 하지 않을 것이다'라는 행동 계획이 아니라 '내가 X(행동)를 하고 싶다면, 나는 Y(행동)를 할 것이다'라는 행동 계획을 세운다.

- 예시 1: 스마트폰에 시간을 덜 사용하기 위해 흥미로운 취미를 찾을 것이다.
- 예시 2: 시간을 의미 있게 보내기 위해 출퇴근길 버스에서 책을 읽을 것이다.

☐ 단 한 번이나 몇 번만 실행할 수 있는 일시적인 행동이 아니라 항상 실행할 수 있는 지속적인 행동을 선택한다. 장기적인 관점에서 자신이 바라는 모습과 가까워질 수 있는 긍정적인 습관들을 생각해낸다.

☐ 자신이 즐길 수 있는 행동을 선택한다. 어떤 일을 할 때 긍정적인 감정을 경험하면 그 일을 시작하고 지속할 가능성이 높아진다. 반대로 부정적인 감정을 경험하면 그 일을 지연시키거나 중단할 가능성이 높아진다.

☐ 이전의 행동을 새로운 행동으로 대체하기 위해 이전의 행동이 나에게 어떤 영향을 주고 있는지 살펴본다. 자신이 현재 하고 있는 행동이 주는 즉각적인 보상은 무엇인가? 새로운 행동을 할 때에도 이와 동일한

보상을 얻을 수 있는가? 실패를 피하고 싶다면 새로운 행동을 촉발할 수 있는 긍정적인 보상을 마련한다.

☐ '조건 계획if-then plan'을 세우면 자신의 행동을 현재 습관이나 상황에 연결시켜 새로운 행동을 실행할 가능성을 높일 수 있다.

☐ 행동 계획을 세울 때는 지나치게 큰 목표를 세우지 않고 '단순하게' 생각한다. 행동이 쉬워지면 성공을 경험할 수 있고, 그 행동을 계속할 가능성이 높아진다. 다음 단계에서 행동의 수준과 난이도를 점차 확장시킨다.

☐ 행동을 실행하는 것이 너무 힘들다고 생각될 때는 즉시 더 쉽고 간단한 행동으로 바꾼다. 행동이 지속되지 않으면 변화가 시작되기 전에 중단될 수 있다.

행동 선택하고 정의하기

☐ 다음의 세 가지 범주를 기준으로 가능한 행동의 목록을 만들어 보고 선택한다.

- 목표에 다가가게 하는 행동인가?

- 실제로 실행 가능한 행동인가?

- 효과를 가져올 수 있는 행동인가?

그 밖에도 '관찰하고 측정하기 쉬운 행동인가?' 하는 식으로 범주를 정하면 발전 과정을 점검하는 등의 지원 방법을 더 쉽게 적용할 수 있다.

☐ 가능하면 한 가지 행동을 선택하거나 서로 긴밀하게 연결된 두 가지 행동을 선택한다.

- 예시: 나는 매주 화요일과 목요일 아침 6시 30분에 달리기를 하겠다. 그러기위해서 월요일과 수요일 밤 11시에 잠자리에 들겠다.

☐ 자신의 계획을 방해하는 다른 계획이 있는가? 그럴 경우 가능하면 다른 경쟁 계획을 제거한다.

☐ 자신이 선택한 행동이 행동의 세 가지 동인과 연관되어 있는지 확인하기 위해 다음과 같은 질문을 해본다.

- 나는 이 일을 할 수 있는가?(능력)

- 나는 정말 이 일을 하기 원하는가?(동기)

- 이 일을 할 수 있는 기회가 충분한가?(환경)

☐ 자신이 원하는 행동을 명확하게 표현한다. 누가, 무엇을, 어디서, 언제, 누구와 함께해야 하는가? 조직의 경우 리더는 행동을 실행해야 하는 팀원들에게 원하는 행동을 구체적으로 설명한다. 물론 자신도 명확하게 이해한다.

☐ 목표를 설정할 때 숫자를 이용해 낮은 목표와 높은 목표를 함께 정한다.
  • 예시: '나는 이 일을 일주일에 여섯 번 하겠다'가 아니라 '나는 이 일을 일주일에 다섯 번 내지 일곱 번 하겠다'라고 정한다.

☐ 자신이 원하는 행동을 글로 적는다. 그리고 자신이 정한 목표에 얼마나 다가가게 하는 행동인지, 그 연관성을 구체적으로 적어본다. 원하는 행동에 대해 생각하는 동안 떠오른 아이디어가 있다면 함께 적어도 좋다.

☐ 가능하면 다른 사람들을 직접 만나서 자신이 선택한 행동을 공유한다. 이런 방법은 행동을 시작할 수 있는 동기를 부여한다.

3. 지지대 점검하기

사다리의 아랫단은 지지대다. 지지대는 원하는 행동을 실행에 옮기고, 지속적인 습관으로 만드는 데 도움을 준다. 아무리 멋진 계획과 행동이라도 이를 뒷받침해줄 지지대가 없으면 변화는 실패할 수밖에 없다. 이 단계에서는 크게 지지대를 선택하기 위한 준비, 지지대 생각해내기, 지지대를 선택하고 정의하는 방법들을 다룬다.

지지대 점검을 위한 체크 포인트는 다음과 같다.

☐ 변화를 위해 노력하고 있다면, 행동을 지속시키는 데 필요한 지원 방법
이 무엇인지 생각해본다. 조직의 경우, 리더는 팀원들이 자신의 행동을
변화시키는 데 필요한 지원 방법에 대해 스스로 생각하고 선택하도록
유도한다.

☐ 지원 방법에 대해 생각하는 과정에 다른 사람들을 참여시킨다. 이런 방
법은 다양한 아이디어를 얻을 수 있고 결과적으로 더 현명한 선택을 하
도록 돕는다.

☐ 지원 방법에 대한 아이디어를 얻을 수 있는 연구 결과나 효과적으로 검
증된 방법을 찾아보고 활용한다.

☐ 좋은 경험, 즉 과거에 자신이 긍정적으로 경험했던 지원 방법을 살펴본다.

새로운 지지대 생각해내기 ···

☐ 자신이 일과 개인적인 삶에서 목표를 위해 사용하는 지원 방법을 구체

적으로 명시한다. 현재 상황에서 이미 사용하고 있는 방법과 실제로 효과를 나타낸 방법은 무엇인가?

☐ 사고의 기초를 행동의 세 가지 동인에 둔다. 자신의 능력과 이 일에 관련된 다른 사람들의 능력은 무엇인가? 동기와 환경은 무엇인가? 현재 자신의 행동 변화를 방해하는 가장 큰 장애물은 무엇인가? 무엇이 자신과 다른 사람들이 변화하는 것을 막고 있는가? 그 장애물을 제거하기 위해 자신이 할 수 있는 일은 무엇인가?

☐ 사회적인 환경과 물리적인 환경을 조정하여 자신이 원하는 행동을 쉽게 할 수 있는 환경으로 만든다. 또한 원하는 행동을 제한하는 요소와 장애물을 최대한 제거한다.

☐ 직접적인 환경을 통해 자신이나 함께 일하는 사람들에게 목표와 행동을 상기시킨다.
- 예시: 포스터처럼 목표나 원하는 행동을 나타내는 시각적인 리마인더를 작업 환경에 비치한다.

☐ 자신이 원하는 행동을 명확하게 지시한다. 눈에 잘 뜨이는 곳에 규칙과 체크리스트를 비치한다.

- 예시: 병원 응급실 벽에는 ATLS 프로토콜이 붙어 있다. ATLS는 Advanced Trauma Life Support(전문외상처치술)의 약자로 의사들이 응급 상황에서 올바른 결정을 내리는 데 도움을 주는 프로토콜이다.

☐ 좋은 본보기 즉, 자신이 원하는 행동을 이미 실천하고 있는 사람을 찾아본다. 주변에서 찾을 수 없을 때는 책이나 잡지, 인터넷 검색을 통해 찾아봐도 좋다. 비슷한 목표를 가진 사람들이 목표를 이루기 위해 구체적으로 어떤 행동을 하는지를 알고 그 행동을 직접 따라 하다보면, 자신도 할 수 있다는 용기와 믿음을 가지게 된다.

☐ 자신이 원하는 행동을 실천하려고 노력한 부분에 대해 직접적으로 보상한다. 예를 들어 상을 받는 것처럼, 우리의 뇌는 새로운 행동이 유쾌한 감정으로 이어질 때 그 행동을 지속하려는 성향이 있다. 이러한 메커니즘을 심리학에서는 긍정 강화positive reinforcement 라고 한다.

단, 행동을 실천한 직후 곧바로 보상하는 것이 중요하다. 또한 모든 행동에 대해 보상할 필요는 없다. 매번 보상하는 것보다 가끔 보상하는 것이 더 효과적이라는 사실을 기억하자.

- 예시: 그룹에서 누군가가 새로운 행동을 하면 서로 격려하고 칭찬해준다. 또한 자신도 그 행동을 모방한다.

☐ 긍정적인 감정과 원하는 행동을 연결시킨다. 사람들은 자신이 원하는 행동을 즐기면서 할 때 그 행동을 지속하게 만드는 강력한 자극을 받는다.

☐ 사회적인 환경에서의 지원 방법을 마련한다. 새로운 행동을 실행할 때 친구, 동료, 가족에게 도와달라고 요청하라. 그들의 격려는 실제적인 도움이 될 수 있다.

☐ 피드백을 할 수 있는 방법을 마련한다. 자신이 원하는 행동을 얼마나 잘 실행하는지 확인할 수 있는 환경을 만든다.

- 예시 1: 당신의 행동을 촬영한 동영상을 본다. 이것은 중립적이고 사실적인 방법이다.
- 예시 2: 전자 교통 표지판 같이 정확하게 표시되는 규칙을 통해 피드백을 얻는다.
- 예시 3: 당신이 한 프레젠테이션에 참여하여 잘한 점과 개선할 점을 피드백해 줄 코치를 구한다.

☐ 변화 과정에서 앞으로 일어날 수 있는 어려운 고비나 상황, 즉 진실의 순간에 대해 구체적으로 생각해본다. 그리고 그 어려움을 이겨내고 계속할 수 있는 방법을 생각한다.

- 예시: 만일(If) X라는 문제가 발생하면, 그때(then) 나는 해결책으로 Y를 할 것이다.

☐ 자신이 원하는 행동을 실행하기 어려운 상황에 부딪혔을 때는 잠시 쉬면서 자신이 그 일을 하는 이유와 목표를 상기한다.

☐ 새로운 행동을 '실제로' 실행하기 전에 친구들이나 동료들과 함께 미리 연습해본다.

☐ 행동의 자기 감시 방법을 사용한다. 예를 들어 오늘 자신이 원하는 행동을 제대로 실행했는지 다이어리나 스마트폰을 이용해서 기록하고 점검한다.

☐ 자신이 변화를 원하고, 목표를 향해 계속 나아가고 있다는 것을 의식적으로 생각한다. 스스로가 발전하고 있다는 느낌은 계속 노력하려는 동기를 부여한다. 조직의 경우, 리더는 팀원들에게 자신이 성장하고 있다는 것을 인식하게 한다.

☐ 자신이 현재 일과 삶에서 행동을 지속하기 위해 어떤 지원 방법을 활용하고 있는지 확인한다. 또한 다음 세 가지 범주를 기준으로 적합한 지원 방법을 선택한다.

- 이 방법이 원하는 행동을 촉진시키는가?

- 이 방법은 실천 가능한가?

- 이 방법을 적용했을 때 긍정적인 부가 효과를 얻을 수 있는가?

☐ 지원 방법은 적어도 세 가지 이상 선택한다. 자신이 원하는 행동을 촉진시키는 다양한 방법을 떠올려 보고, 세 가지 이상을 동시에 활용한다.

☐ 자신이 원하는 행동을 방해하는 요소나 잘못된 행동을 촉발하는 요소를 찾는다. 이런 경쟁 요소들을 최대한 제거한다.

☐ 자신이 선택한 지원 방법이 행동의 세 가지 동인과 연결되어 있는지 확인하기 위해 다음과 같은 질문을 한다.

- 나는 실제로 이 지원 방법을 활용할 수 있는가?(능력)

- 나는 정말 이 행동을 하기 원하는가?(동기)

- 이 행동을 할 수 있는 기회가 충분한가?(환경)

□ 누가, 어디서, 언제, 누구와 함께 준비할 것인지 명확한 지원 방법을 계획한다.

□ 지원 방법을 글로 적는다. 자신이 선택한 지원 방법이 원하는 행동을 얼마나 촉진시킬 수 있는지, 또 목표에 얼마나 다가가게 하는지 그 연관성을 구체적으로 적어본다. 지원 방법을 생각하는 동안 떠오른 아이디어가 있다면 함께 기록한다.

□ 자신이 선택한 지원 방법을 다른 사람들과 직접 만나서 공유하면 그 일을 시작할 동기를 높일 수 있다.

□ 지원 방법은 정기적으로 다양하게 바꾼다. 시간이 지나서 익숙해지면 자극이 줄어들 수 있기 때문이다.

4. 계획하고 시도하기

사다리를 적용할 때, 먼저 '위에서 아래로' 자신의 변화를 계획한다. 목표를 구체적으로 설정하고, 그 목표를 행동으로 바꿔서 표현하고, 지원 방법을 선택한다.

그런 다음에는 행동을 시도한다. 자신이 선택한 지원 방법이 실제로 효과가 있는지 확인하기 위해 '아래부터 위로' 시도한다. 이 과정에서 선택한 지원 방법이 적절한지 확인하고, 새로운 행동을 시도하고, 목표를 향해 나아간다. 물론 정기적으로 진행 상황을 파악하고 필요하면 지원 방법과 행동을 조정한다.

행동을 계획하고 시도할 때 점검해야 하는 체크 포인트는 다음과 같다.

☐ 목표부터 시작해서 행동, 지원 방법순으로 단계적으로 내려온다.

☐ 여러 사람들과 함께 변화를 시도할 때는 어떻게 계획을 세울 것인지 미
리 명확하게 합의한다.

   ● 예시: 어떤 방법으로 모든 사람에게 발언할 수 있는 기회를 똑같이 제공할
   것인가?

☐ 지역사회 같은 큰 집단을 위한 변화 계획은 집단으로부터 신뢰를 받는
사람들이 실행해야 한다. 변화를 계획하는 사람들을 얼마나 신뢰하느
냐에 따라 집단에 소속된 사람들의 변화 의지도 달라지기 때문이다.

☐ 우리는 때때로 합리적인 근거가 아닌 자신의 개인적인 직관이나 경험
에 의존해서 판단하는 경향이 있다. 그러므로 계획을 세울 때는 '반대
의견은 참고했는가?' 같은 비판적인 질문을 통해 사고의 오류를 항상
경계해야 한다.

☐ 자신이 선택한 지원 방법이 원하는 행동을 촉발하는지, 자신이 선택한
행동으로 원하는 목표를 성취할 수 있는지, 원인과 결과의 관계를 확인

하며 계획을 점검한다.

☐ 계획된 변화가 가져올 수 있는 부가적인 영향은 무엇인지, 그 영향은 긍정적인 것인지 확인한다.

☐ 자신의 계획을 명확하고 단순하게 만든다. 한 가지 목표, 한 가지 행동, 세 가지 이상의 지원 방법을 선택한다.

☐ 변화를 실행하는 시도 단계에서 평가 방법을 미리 계획한다. 자신이 올바른 방향으로 나아가고 있는지 점검할 수 있는 방법을 준비하는 것이다. 언제, 누구와 함께, 어떤 범주를 기준으로, 어떤 상황에서, 무엇을 점검할 것인가? 과학적인 연구 방식처럼 구체적인 시간을 정하고 방법을 명확하게 기술하라.

새로운 변화 시도하기 ···

☐ 변화는 시도하고, 실험하며, 배우는 학습 과정이라는 것을 기억해야 한다. 변화를 시도하는 과정은 자신의 계획이 옳다는 것을 증명하는 단계가 아니라 효과적인 방법이 무엇인지 파악하는 단계다. 이 단계는 신속

하고 간단하게 진행해야 한다. 그리고 관련된 사람들에게 결과를 명확하게 전달하라.

☐ 여러 사람들과 함께 변화를 시도하고 있다면, 그 계획에 대해 사람들과 소통하는 데 충분한 시간과 에너지를 투자한다. 리더라면 팀원들에게 자신의 목표를 정확하게 이해시키고, 자신이 원하는 행동과 지원 방법이 무엇인지 구체적으로 전달한다.

☐ 계획을 끝까지 실행한다. 모든 지원 방법이 실제로 사용되고 있는지, 원하는 행동이 정확하게 실행되고 있는지 꾸준히 확인한다. 관련된 모든 사람이 변화의 목표를 이해하고 있는지 정기적으로 확인한다.

☐ 평가를 할 때는 시간을 정해두고 그 시간 내에서만 냉철하게 판단한다. 조직의 경우, 리더라면 팀원들과 합의한 시간에만 평가를 진행한다. 이것은 변화를 시도하는 단계에서 계속되는 논쟁과 쓸데없는 의심을 피하는 데 도움이 된다.

☐ 시도하는 단계에서 우리는 한 번 선택한 방법이 좋은 결과를 가져오지 않아도, 그 선택을 지속하려는 경향이 있다. 그러므로 자신이 선택한 방법이 맞는지 비판적으로 검토하는 연습이 필요하다.

☐ 현실적으로 평가하기 위해 다음과 같은 질문을 한다.

- 계획을 정확하게 실행했는가?

- 예상하지 못했던 방해 요소가 있었는가?

- 지금까지 실행한 지원 방법, 행동, 결과에 대한 확실한 데이터를 가지고 있는가?

☐ 원하는 행동이 실행되지 않았다면, 다음과 같은 질문을 통해 지원 방법을 비판적으로 평가해본다.

- 그 방법이 실제로 효과적인 방법인가?

- 원하는 행동이 지나치게 이상적인 것은 아니었는가?

☐ 그 행동이 실행되기는 했지만 자신의 목표에 다가가지 못했다면 다음과 같은 질문을 해본다.

- 올바른 행동을 선택했는가?

- 목표가 실현 불가능한 것은 아니었는가?

감사의 말

성경에는 예수가 제자들의 발을 씻겨주는 장면이 묘사되어 있다. 예수는 이렇게 말했다. "이방인의 집권자들이 저희를 임의로 주관하고 그 대인들이 저희에게 권세를 부리는 줄을 너희가 알거니와 너희 중에는 그렇지 아니하니 너희 중에 누구든지 크고자 하는 자는 너희를 섬기는 자가 되고 너희 중에 누구든지 으뜸이 되고자 하는 자는 너희 종이 되어야 하리라."(마태복음 20장 25~27절)

나는 서로 섬기고 돕는 것이 변화의 주역인 리더가 그리고 우리가 해야 할 일이라고 믿는다.

독자들의 성공적인 변화를 돕기 위해 《래더》를 쓰면서 현대의 행동 과학자들 수잔 미치에, 대니얼 카너먼, 존 코터, 로이 바우마이스터, 리처드 탈러, 아이섹 아젠 등에게서 영감을 얻고 그들의 훌륭한 책을 참고했다. 인터넷 사이트 www.bentyler.nl을 검색하면 각 챕터마다 참고한 행동 과학자들의 이름과 관련 문헌을 찾아볼 수 있다.

끝으로 늘 내 곁에 함께해주는 평생의 연인이자 아내 잉그리드(Ingrid)와 멋진 네 딸 마리아(Maria), 이자벨(Isabelle), 엠마(Emma), 버니스(Bernice)에게 고마움을 전한다. '변화의 사다리'를 개발하기까지 무수한 영감과 피드백을 아낌없이 보내준 동료들, 학생들, 이 책이 나오기까지 도움을 준 모든 사람에게 진심으로 감사의 말을 전한다.

옮긴이
김유미
서강대학교 영어영문학과를 졸업하고, 글밥 아카데미를 수료했다. 현재 바른번역 소속 전문 번역가로 활동 중이다. 번역한 책으로는 《나는 꽤 괜찮은 사람입니다》,《레버리지》,《센서티브》,《서툰 감정》,《미루는 습관을 이기는 작은 책》,《심심할수록 똑똑해진다》 등이 있다.

실패, 한계, 슬럼프라는 벽을 뛰어넘는 변화의 사다리
래더

초판 1쇄 2020년 4월 29일

지은이 벤 티글러
옮긴이 김유미

발행인 이상언
제작총괄 이정아
편집장 조한별
책임편집 김수나
마케팅 김주희, 김다은

디자인 [★]규
사진 제공 Elisabeth Ismail, Elisabeth van Munster

발행처 중앙일보플러스(주)
주소 (04517) 서울시 중구 통일로 86 4층
등록 2008년 1월 25일 제2014-000178호
판매 1588-0950
제작 (02) 6416-3927
홈페이지 jbooks.joins.com
네이버 포스트 post.naver.com/joongangbooks
인스타그램 @j_books

ⓒ 벤 티글러, 2020

ISBN 978-89-278-1109-1 03320

중앙북스는 중앙일보플러스(주)의 단행본 출판 브랜드입니다.